ちくま学芸文庫

詩の構造についての覚え書

ぼくの《詩作品入門》

入沢康夫

筑摩書房

目次

第1回

第2回

第3回

第4回

詩の構造についての覚え書

ぼくの《詩作品入門《イニシアシオン》》

扉カット＝落合 茂

1

はじめに　手もちの材料と道具の点検

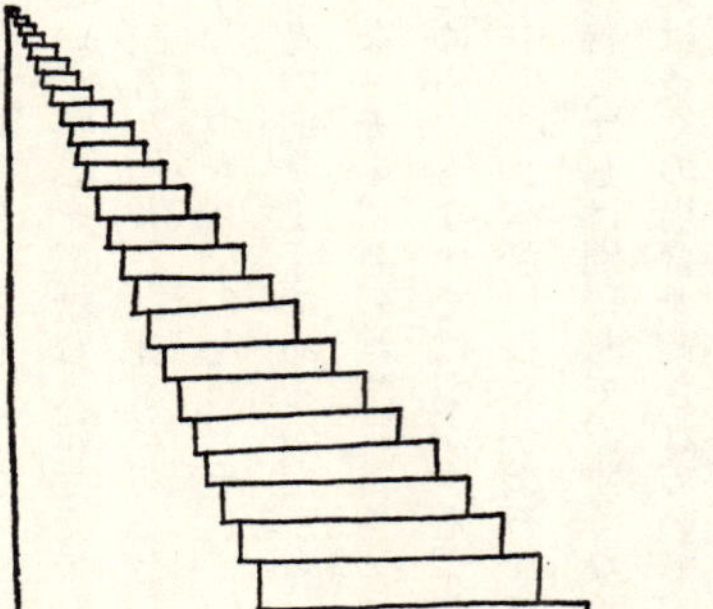

はじめに

数回、できれば十回くらいにわたって、詩のことを書いてみよう。おそらくはだれのためにでもなく、おそらくはぼく自身のために、「詩作品の構造」ということについて、考えたり、メモをとったりしよう。ぼくの「詩作品入門」と書いたのは、その意味なので、つまり「ぼくが手引きする詩への入門」でもなければ、「私説現代詩概論」というのでもない。この連載を通して入門しようとしているのは、ぼく自身なのである。したがって、これはどうしても、かなりしばしば楽屋落ち的にならざるを得ないだろうし、時にはあまり自分のことばかりで鼻もちならないという感じを、読む人に与えてしまうかも知れない。だが、それも仕方がないことだ、詩に読者と作者と批評家があるとして、お前はそのどれなのだと訊かれれば、やはりぼくは作者のつもりなのだし、そして詩の作者の主要な関心事といえば、それは無論自分の作詩行為のありようであるのだから。

ただし、そのような試み——つまり「個人的」なメモを、詩の雑誌に書きつづって読者の面前にさらすことの当否については、若干のためらいもないではなかった。しかし考えてみれば、現今の詩の雑誌というものは（詩壇の中央誌と称されるようなそれでも）一種の業界誌的な機能を持っていること、これは事の善し悪しは別にして、すくなくとも事実であるのだし、しかも、そこでは、詩人と批評家は多くの場合兼業されていて、それでいながら、批評的言説は、詩人である自分をカッコに入れ、あるいは自分の作品を棚上げしてなされることがかなり多いということも、やはり事の善し悪しは別にしても、事実のようである。してみれば、詩の雑誌には、作品と、批評や研究と、そして雑報と、それだけ載っていればたくさんだ、とばかりも言えないのではないだろうか。作者も、批評者も、そして多分は読者のほとんども、詩人なのだ。作者としての立場が濃く出ている文章も、たまにはあってよかろうではないか。

たまたま、編集部の思惑とも、このあたりでは幸いにしていくらか一致したようである。近頃、この雑誌が固くるしく、とっつきにくくなった、という声が多いのです。で、もすこし身近な感じのする評論や啓蒙的なエッセイがほしいと思います。編集部の希望はほぼこういった所だった。

人を啓蒙するなど、とんでもないこと、身近な感じを読者に持ってもらえるかどうかも、はなはだ心もとないけれど、詩を作ろうとする者の暗中模索ぶりのあれこれを開陳することも、あるいみでは、まるっきり無意味でもないと、ぼくは勝手にきめこむことにしたのである。

思えば、三年ばかり前に、さる雑誌で「詩論時評」を受け持ったときにも、読者の前に詩を書きつつ方法を模索している者の「悪戦苦闘ぶりをお目にかけて、大いにあきれ、大いに笑って」もらおうと願ったぼくだったが、その点に関しては、時評というわくに結局は気がねしてあまりうまくいかなかった。今度は、もっと自由なペースで書くことが許されるわけだから、その点についても希望が持てる。

それにしても、いわゆる「私の詩作法」とか、「私にとって詩とは何か」とか、もうお互いにうんざりしている、そういったたぐいのことは、できるだけ避けて通りたい。自分を（あるいは自分と思いこんでいるものを）、この人を見よと自信をもって人前に提示する蛮勇は、どう考えても今のぼくにはないのだから。「詩人には自分の詩のことは判らない」という言葉は、まごうかたなき真実なのだ。だから、この連載が一応おわった時、おのずと、ぼくにとっての詩が姿を現わしてくれるなら、それこそ望外の幸せというものだ。とてもそううまくはいくまいけれど。

またしてもくどくどしい前置きになってしまった。この未練がましさには、われながら手を焼くなあ。今まで書いたことは、みな、言わずもがなのことか、多少とも見当はずれのことばかりだったようだ。もう止そう。いや、今ひとことだけ、そして、これこそ本音なのだが、それを言わせていただこう。

この連載で、ぼくが徐々に実現してみたいと思っているのは、本当は、自分自身を今度こそ徹底して、架空のオペラと化すること。そしてイニシアシオンとは、本来そういうことであったのでは……。おや、きみ、笑ったね。やっと安心してくれたってわけか、ぼくの無謀とぼくのおくめんもなさに。よし、では始めよう。

Ⅰ　手もちの材料と道具の点検

詩における構造を云々する前に、そのためにさし当って必要と思われるいくつかの命題を吟味しておかねばならないと思う。すくなくともこの点までは大丈夫、という了解事項がないと、いちいち最初にもどって定義から始めなければならなくなりそうだからである。ぼくがこれまでに書いたいくつかの試論から、そういう基礎命題を拾い出し、点検することにしよう。ぼく自身がとりあつかったものではあるが、実のところ、ぼくの言い出したことは一つもなく、すべては先人たちの発見であると共に、今日ではかなり普遍的に承認されているはずの命題なのであり、だからこそ、これらについては、あらかじめ確認しておきたいからである。

A　詩は表現ではない

まず第一に、この点について合意に達しておきたい。「詩は果して表現であるのか。詩は作者の表現したいものを表現する手段なのか。詩人はまず表現したいもの（ヴィジョン・感情・思想・体験その他）を持ち、次にそれを読者と共有するために作品化しようとして、表現に努めるもののことなのか。この素朴な、だからこそ根本的だと思われる問いに、否と答えるところから、ぼくは詩を書いてきたし、これからも書くだろう。」かつて、こんな書き方をした。また、こうも言った。「詩人がいて、その詩人が何かその人独自の伝えたいことを持ち、それが表現されて作品が産まれ、読者はその作品を読んで、作者の伝えようとするものを正確にキャッチし、そしてそれに十全に共感する、という図式を、詩に関してはぼくは信ずることができない。」

何も「ぼくは」「ぼくは」と言わなくとも、これはすでに自明のことのはずだった。まして、「芸術の中に、現実のものの模倣や写しを見るという嘗ての考え……幸いにして今日では捨ててかえり見られぬ考え」（ブランショ『文学空間』粟津則雄氏訳による）にまで立ちもどって検討する必要はないと思われる。しかし、これほど基本的とみえる命題でさえ、詩が云々されるとき、時としてあいまいになっていることがあるのだ。それは詩が言葉で作られ、そして言葉は表現、伝達の具でもある、ということの結果にほかならない。「詩は表現ではない」ということを、今一度言い直せば「詩作品は、伝達の手段ではない」ということだが、ここでいささか補足をしておくと、《マッチ棒を耳かきとして使い、とがったつららを凶器として用いる》といった意味でなら（つまり部分の機能を意識的に誤用——あるいは活用すれば）伝達手段であり得る場合もあろうと言っておくべきかもしれぬ。けれども、一つ一つの詩作品そのものの本来の任務は、やはり伝達という点にはないと言わねばならない。

では、一歩を進めて、「詩作品は手段ではない」と言えるだろうか。さらにそれを裏返して、「手段ではなく、それ自体が目的なのだ」と言えないか。あるいはこう言いかえることも考えられる。「手段でなくて、言葉で作られてそれ自体で完結した一つの世界、一つの事物、つまりオブジェである」と。

これはかなり魅力的な言い方だ。かつて、ぼくはそう考えていた。いや、今でもつい、その通りだ、と言ってしまいそうになるが、しかし、この判定はしばらく待ったほうがよさそうだ。というのは、ここにも、全体としての詩作品とその部分をなすもの（言葉およびその連なり）との混同が介入しそうな危険がある。「言葉を物としてあつかう」ということと「詩作品を物と見る」ということとは別のことのはずだ。もっとも形式論理的に言えば「物をいくら重ね合せても物」かもしれないが、詩を作るということと、石を積み上げて石の山を作ることとは、やはりちがうだろう。想像力という局面から、この点をいますこしていねいに検討しなければなるまい（想像力という言葉が出て来たので、一言つけ加えるのだが、ここで軽率に「言葉はイマージュであり、作品はまた一個のイマージュだ」という所へ飛躍することも、さしひかえて、後の検討にゆだねることにしたい)。

それに、いまひとつ、考え合せねばならないのは、イヴ・ボヌフォアの次のような見解である。「むしろ詩の限界を認めなければならない、そして、詩がかつてはひとつの目的であったことは忘れて、詩を単に接近の手段と考えなければならない、とわたしは信じる。」(「詩の行為と場所」宮川淳氏訳)

そしてそれにつづいて、「詩はなによりもまず、絶えざる戦いであれ、存在と本質とが、フォルムとフォルムをもたないものとがきびしく闘われる劇場たれ、とわたしは願う。」(同上)という言葉に接するとき、ぼくは、ふと、自分の怠惰をせめられているような、なにかしらうしろめたい気がするのだ。この感じはいったい何か。おそらくそれは、不可能を夢みつつ、その不可能に狎《な》れはじめているのではないか、という感じだろうが、その分析もここがその場ではあるまい。ただ、これに関連して、次のことだけはとりあえず言っておいたほうがよいだろう。それは、ぼくの詩集にふれて、たとえばある評者が「この若い詩人は、ことばがつくりだす世界の確かさを……強烈に、しかものびやかな心で信じている」(東京新聞)というふうに述べているのを見た場合に感じる一種のうしろめたさと、それは深いつながりがありそうなのである。いや、うしろめたさと言っては違うだろう。信じていないのではないのだから。ただ、「強烈に、のびやかな心で」と言われると、ちょっとエヤ・ポケットに落ちたような感じになる。もちろんこれは、それを書いた評者には関係のないことだ。ただ、ぼくがここでショックを感じたのは、それはつまり、やや大げさに言うことを許していただければ、この部分に、ぼく自身の危機を予感したからなのであろう。

ぼくの詩についての信念は、さし当って安定したものであってはならず（かつてぼくは「詩の未来に賭ける」という言い方をした）、風にもまれて、吹きちぎられそうになっている旗のようであるべきなのに、のどかに安定したものであるという外観を呈し――いや、外観だけならば、吹きちぎられそうなものをその吹きちぎられそうな状態によりよくさらすための意識的なそれだから問題はないのだが、ひょっとして外観が本質を喰いあらしはじめているとしたら、これは由々しいことである。安定した外観は不安定な内部、内部の闘争をよりはげしく出現させるためのわなのつもりだったのに、今度の詩集で、それが実現したかと思ったとたんに、効果を失いはじめているとしたら……。それとも、これは、この段階ではとりこし苦労にすぎないのか？……いずれにせよ、この問題は、この連載のあいだに、徹底的に考えてみなくてはならない。

B　作品の構成の素材は単語だけではない

これはほとんど多言を要しないことであるかもしれないが、念のために記しておこう。これについて、かつて考え、今もほぼ同様に考えていることは次のとおりである。「詩の構成にあたって、素材として処理される単位は、実は必ずしも一つ一つの単語である必要はなく、時には、その日常的秩序における連なりである〈文〉、あるいはその集合である〈節〉でさえあることが考えられる。」

このことの、きわめて幼稚ではあるが、端的な実験の一例として、ぼくの「売り家を一つもっています——作文のおけいこ」（倖せそれとも不倖せ）を挙げさせていただきたい。この作品は四十六の日常的短文の連続でできているのだが、それらの短文は、すべて、ある仏作文の本に出ていた練習問題そのものなのであって、したがって、作者の関与しているのは、それらの短文の選択と配列にしかないわけである。このような試みは、おそらく他にも数多くあり得ると思うし、同じことを文の集りである節同士で試みることも不可能ではないはずだ（徹底してその方法で終始した作品はないかもしれないが、詩の中に、かなり長文の引用を含む詩というのはいくつもある）。

ところで、このように、語、文、節などを日常的用法のコンテクストからはずし、素材として利用すること——それはサルトル流にいえば想像的にそれらに対するということになるのだろうが——を、ここで仮に素材のイマージュ化と呼ぶとすれば、これはもう、作品そのものが一つのイマージュではないのか、という、先ほどちょっと顔を出し、そのときは保留した問いに今一歩である。しかし、ここでは、イマージュという言葉の有効性の具合をよく見さだめておくことが必要となってくる。これについては、ブランショと栗田勇氏の、それぞれ重要な指摘を次回で紹介しながら、今すこし考えておこう。

2

手もちの材料と道具の点検（つづき）

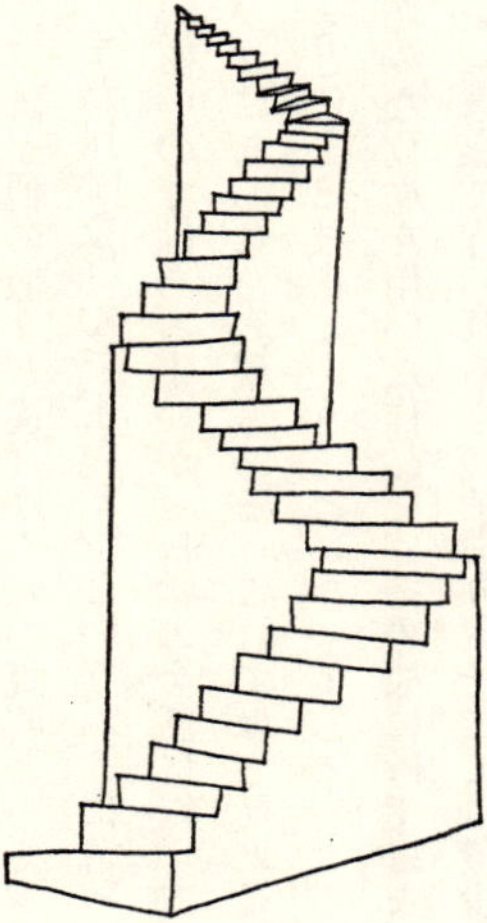

C 詩が、主として語のイマージュに依存するという考えは不適当であり、同様に、比喩（直喩・暗喩）に主な拠り所を持つという説にも、無限定には同意できない

現代詩入門とか、現代詩作法とかいった書物を見ると、その多くが、詩の要素を音韻性とイマージュとに分けてその得失を論じたり、また、特にシミリ（直喩）やメタファー（暗喩）に重点をおき、少なからぬページをさいて解説しており、それは、この種の本を書く場合の一つの公式のような観さえ呈している。これに止まらず、一般の詩論においても、このような公式に沿った立論は数限りなく見られるのだけれど、ぼくは、かねてからこのような扱いには、深い疑念を持っている。詩が他の散文と違うゆえんの説明として、「詩では、語のイマージュをことに重視し、また比喩を好んで用いる」というふうに言ってみても、これは決定的なきめ手にはなり得ないのではあるまいか。日常の会話にだって、比喩もあれば、時として、いわゆるイマージュにあふれた表現もある。これでは、詩とは所詮あることを、より巧みに、より生き生きと伝える技術ということになってしまう。

さまざまなイマージュに満ちた作品や、巧みな比喩を用いた作品を、その故に詩ではないと言おうとしているのではない。詩がついに言葉で作られるものであり、そこでは最少限にもせよ文章法の約束が受け入れられるのである限り、詩にイマージュがふくまれ、比

喩が入ってきても、それはあたりまえのことなのであって、その点をとらえて、詩の特色として正面に据えてみても、本質的な問題解明にはならないと思うのである。そして、我田引水的に言えば、それもこれも、先に確認した《詩は表現ではない》ということ（「表現」という言葉があまりに広すぎ誤解を生みそうなので、よりさしさわりのない「再現」という言葉にとりかえてもよい）が、必ずしも十分に認められていない結果のような気がしてならないのだ。この混乱は、前回にも書いたように、《詩は、本来は伝達と再現のためのものである「言葉」を用いて構成される、非再現的芸術である》という、詩そのものの逆説的性格に由来しているのだろう。この逆説的性格に精神が堪ええない場合に混乱がはじまるのである。

栗田勇氏が、「彼岸のリアリズム」（「文藝」昭和三八年五月）という評論や、大岡信氏との対談（「現代詩手帖」三八年八月）で力説していたのも、大体ここのところのことなので、氏は、現代の詩がなお自然主義的発想と表現にともすれば落ちこんでしまうのを批判し、また、詩の問題を「言語論」から「単語論」という形に還元して作品の構造を無視してしまうことのあやまりを警告しているのだが、たとえば、次のような発言がみられる。

「言語論を単語の問題に分解するということ、これは言語の構造性を破壊するわけなので、そこに最大の疑問がある。単語そのものを言語の構造体から抜き出してきて、一つ一つ論じると、一つの単語に非常に恣意的で過重なイメージを託して、独り合点におちいるということが、作者の側にも読者の側にも起ってくる。ではそういう独り合点を、独り合点でないものとして支えるのは何かと言うと、一篇の詩なら詩の構造性にあると思う。」

「僕はこのイマージュという言葉が一般に乱発されるのにも不満を持っている。〝イマージュ〟と言うと、何か現実にあるもの、世の中にあるものを空想したものとして言われているようだ。しかしそういうものがイマージュなのではないのであって、それは言うならば〝此の世に無いもの〟で、それを人間の想像力が構築する、その世界、その産物を〝イマージュ〟と言うのだと考えるのが正しい。大体、詩にかぎらず小説や文学における〝フィクショナルなものが詰らない〟ということ、物語性などがおとしめられて考えられるということ、〝むしろ事実に帰れ〟などと戦後文学の反動として此の頃しきりに言われていることなどにも、僕は疑問を持っている。そのさい〝フィクション〟とは一体なにか、そして〝イマージュ〟とは？ それは辞引によれば〝ものをつくるための想像力のはたらきである〟と明確に書いてある。素朴な、現実模写的な意味で使う〝イマージュ〟という言葉は、まちがいであることを知るべきだと思う。それと同時に、フィクションが人間的現実や真実と関りのない作りごとだという考えも間違っている。もっとも高次に現実的なもの、目に見える以上にリアルなものこそ、フィクションによるイマージュなのだ。」

ここに述べられているイマージュの定義については、多少の異論もあるが、栗田氏をつき動かし、このいささかせきこんだ論のはこびをさせてしまった「詩におけるイマージュの理解についての一般的混乱の現状への不満」には、この上もなく共感できるつもりだ。世におこなわれているイマージュ（イメージ）という言葉は、その適用範囲があまりにも漠然としていて、「使う人の数だけの定義がある」とでも言えそうなありさま、それが特に詩に関しては甚だしいのである。

ところで、ここに引用した栗田氏の意見のかなめは、㈠詩の問題を単語論にまで分解してしまうと、作品の構造性を無視することになる、㈡イマージュという言葉の適用を、想像力によって構築された、この世にない世界、その産物に限るべきだ、という二つのことだと思うのだが、問題をこのようにつめてくると、おのずと思い合されるのは、ブランショの次のような言葉である（これも少々長いが、この問題にとって重要なヒントを与えてくれる文章と思うので、あえて引用しておきたい）。

「詩や文学における言語は、日常言語にくらべて、ちょうど、事物に対するイマージュのごときものではないか？　詩は、他の言語以上に、イマージュの権利を認める言語だと、人々はとかく思い勝ちである。おそらくそれは、もっとはるかに本質的なある変形への暗示だろう。つまり詩作品は、それがいくつかの言葉の綾や暗喩や比喩などをふくんでいるが故に詩作品なのではない。それどころか、逆に、詩作品は、何ものもそこではイマージュをなさぬという特殊な点をもっている。だから、われわれが探究していることを、別のかたちで言いあらわさねばなるまい。つまり、文学においては、言語そのものがことごとく、イマージュとなるのではないか、かずかずのイマージュをふくんだり、あるいは現実を形象化するような言語ではなくて、己れのイマージュに、――比喩《イマージュ》に富む言語ではなくて――言語のイマージュであるような言語に、なるのではないか、あるいはまた、想像的《イマジネール》な言語、誰ひとり語らぬ言語に、つまり、ちょうどイマージュが事物の不在の上に現れるように、それ自体の不在の後にはじめて語られる言語になるのではないか、そしてまた、出来事の現実にではなくそれらのかげに向けられる言語、それらの出来事を言い表わす語が記号ではなくイマージュであるという事実、語のイマージュ、事物がそこではイマージュになっている語であるという事実、そういう事実によって、出来事のかげに向けられている言語となるのではないか?」(『文学空間』同前)

一連の疑問形で示されているこの見解に、ことごとく「然り」と答えるとき、詩のイマージュに関しての解釈の混乱には、かなりのけじめが与えられると思われるし、先の栗田氏の意見も、その一半はここにふくまれることになると思う。とにかく、このブランショの発言は、ぼくの実作者としてのささやかな経験や、試行錯誤のくりかえしにもとづく実感と、じつに多くの点で合致し、なるほどうまく言いやがるもんだなあ、という嘆声さえ発したくなる体のものである。この発言の更にくわしい検討は「材料調べ」のわくを超えるので次章以下にゆだねることにするが、以上のすべてをひっくるめて、一言つけ加えるなら、いわゆるシュールレアリスムの自動筆記の方法をうのみにして、きらびやかなイマージュをえんえんと連ねた作品の多くが、結局は、どれもこれも同じに見え、一様に平板な印象しか生み得ないのは、まさに、ここの所に原因があるのではないだろうか（この点についてはビュトールが『レペルトワールⅡ』の「詩と小説」というエッセイで分析している）。中にふくまれる個々のイマージュがどれほど華麗でも、それらの全体が一つの構造性を持ったイマージュ（構造であるイマージュ）となっていない点に致命的な欠陥があるのだと言うべきであろう。また一方、巧みな「見立て」や「言いかえ」で成り立っている作品についても、たとえばそれがどのような人生や実存についての省察を示していたとしても、それだけでは果して詩と呼べるかどうか疑わしいのも、やはりこの故なのである。詩の中では、語も句も文も、またイマージュも比喩も、一度死んでよみがえらなければ、市民権を与えられないのだと、ぼくには思われる。

D 個々の要素の持つ意味の重層性や潜在的情動力は、適切な構造の中にところを得て、はじめて発揮される

これは、以上の検討から見て、すでにほとんど疑問の余地のないことであるから、説明は省略してよいであろう。

E 擬物語詩は、あり得べき詩作品の構造の一つのタイプである

いわゆるロマネスクな詩、物語的な詩、詩における物語性といったことの有効性がときおり問題にされ、たとえば前々項で引いた栗田氏の発言でも「フィクション」や「物語性」への言及がみられたが、こういう性質をもった作品に可能性を認めるというならば、それはどのような点においてか、については、ぼくはすでに「幻想と詩の接点」(「エスプリ」昭和三九年五月)と「擬物語詩の可能性」(「あもるふ」27)で一応考えてみた。このうち前者は、最近『現代詩論大系5』(思潮社)に収められたばかりだから、ここではくだくだしい再説は避けて、要点だけを次に記しておこう。

擬物語詩とここで呼んでいるものは、次のような特質を持った詩篇のことである。

(a) 作品が一見、ある事件の推移を一貫して叙述しているかに見えること(持続性・一

貫性・展開性）

(b) その事件とは、外見は現実的であっても、あくまで想像的《イマジネール》な事件であって、その意味で非現実的事件である（非現実性・仮構性）

(c) しかも作者は、その事件を伝えることを真の目的としてはいない（非目的性・媒介性）

(d) リライトや語りかえの操作を受け入れず、その意味で普通の叙述や寓話と異なる（擬叙述性）

(e) 「事件」と「叙述」の関係は、全く相互依存的であって、後者によって前者が規制され、変質することも十分あり得る。この点でも現実の事件の報道・伝達とは異なっている（非再現性）

(f) ぼくたちの現実関係の持続性・展開性・一貫性を保証するのは、ぼくたち自身の意識だが、擬物語的関係界でそれらを保証するのは、仮構の語り手であり、作者はその語り手と非現実的（想像的）関係を保ちながらも、その世界での主導権をその仮構の語り手（それは複数の場合もあり得る）に委ねている（自己超越性・自由性・不安定性）

このような特質を持つものとして定義される擬物語詩は、その特質故に、きわめて豊かな可能性が感じられる、というのが、ぼくの意見なのであるが、この連載においては、必ずしも擬物語詩という方法にのみ固執するものではないことも、言っておかねばならない。ここで大切なのは「詩作品の構造とは何か」に少しでも参入することであり、擬物語詩にその一つのタイプとしての可能性を予感できるということなのである。そして、これを裏がえして言えば、一人称的な私詩という意味での抒情詩・述志の詩では、その本質上、おのずから構造が制約・限定され、可能性も局限されているときに、それ以外にも方法が考えられ、その方が、はるかに大きな有効性が感じられるという一例として、これが提示できているとすれば、さしあたってはそれだけでもよいのである。

短歌的抒情や俳句的世界からの脱却という命題がとなえられて久しいが、それが可能になるのは、単に抒情の質を変えるとか、批評的態度を導入するとかいったことによってではなく、私詩的構造の打破をふくむ、作者と作品の関係の改革によるほかはなく、その上でならば、短歌や俳句からも、大いに吸収すべきものがあるというふうにぼくは考えている。

3

なぜ詩の構造を云々するのか

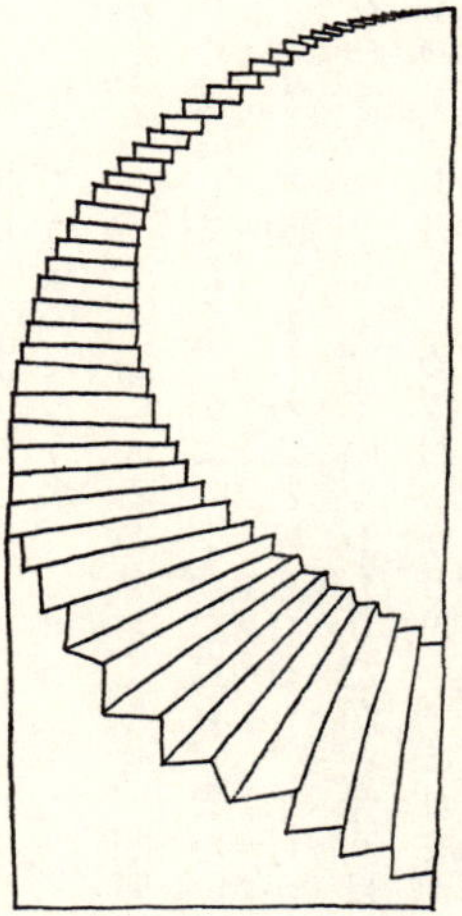

Ⅱ なぜ詩の構造を云々するのか

本当は、前章の前にこの章が来なければならなかったのかも知れない。しかし、そうしなかったについては、一応の理由はある。この《なぜ？》に答えようとすることは、問題の性質から、もはや単なる作業の下準備を超えて、すでに本論の開始を意味するからであり、ぼくとしては、その前に、なにはともあれ、かねて考えて来た若干の点についての検討と再確認を、あのような大ざっぱな形ででも試みる必要があったのである。そして、また、この覚え書を読む人があるとして、その人に、ぼくの発想のありようにあらかじめなれておいてもらうという効果も兼ねそなえていたのではないだろうか。

それにしても、いたずらにそこにばかりかかずらって、本論に入るのをおくらせ、問題をかえって曖昧にしてはなるまい。あらかじめ検討しておく方がよいような点も、まだいくらかは残っているが、それらについては、いずれ本論で触れることにもなろう。来月からは、いよいよ詩の構造そのものの諸問題を一つ一つとり上げていくつもりだが、今回はそれに先立って、なぜこのような作業をするのか、を書きとめておこうと思う。これまた序論といえば序論だが、先にも述べたように、この問いとそれに対する答えは、すでに本論の一部でもあるのだ。

なぜ詩作品の構造について考えてみようと思いたったのか。それは言うまでもなく、この「構造」という面に意識を向けることは、詩を書く場合にも、読む場合にも、かなり大きな意義があると思えばこそ、である。

私見では、われわれの近代・現代の詩の批評の上で、この構造という観点があまりにも等閑に付されて来たようである。これには、いくつかの局面が考えられる。

たとえば、これは、古来、「詩は詩人の心情の直接的発露である」とする見方がきわめて根強く存在し、そこから、往々、技巧とか手法とかいったものを軽視するという弊を生じ、また、技巧に着目する場合でも、それを《より巧みに心情を伝える手段》と見る見方、つまり、日常会話や散文の次元ではあるいは意味があるとしても、詩ではナンセンスに近い見方が広く行なわれていた（いる）ことと関係がありそうである。

あるいはまた、これは《いわゆる知的な詩への潜在的反撥》とも関連しているかも知れない。この種の反撥については、不幸なことに、昭和初期のシュールレアリスムの運動からモダニスム（それは主知派と呼ばれる人々によってになわれた）への逸脱や、また戦後のマチネ・ポエチックの運動の内包していた弱点によって、よりいっそうの根拠を与えた形になってしまっている。それやこれやで、詩作品について、その日常的意味内容や、用語の重さ、あるいは作者の思想的立場などが云々されることはあっても、構造などといった、やや複雑な局面について反省的思惟を及ぼすことは、何かしら知的遊戯にすぎないとでもいうように（意識的にでないまでも、暗黙のうちに）考えられて来たかたむきがある。ぼくがかねて敬愛している年輩の詩人S氏にしても、ときに「どうも大学出の詩人よりも、ろくに学校も出ていない詩人の方が本物の詩を書くようだ」といった口吻をもらすことがあるのだが、それが「ただ頭ででっち上げた作品よりも、心情のこもった作品の方が、結局はすぐれたものになる」ということであるならば一応は納得できるとしても、また、「大学出の詩人よりも学歴の少ない詩人の方によい詩が多い」というのがさしあたっての事実であるとしても、それがもしもいきなり反知性の立場に短絡してしまうのならば、問題があろう。もちろんS氏は、反知性を標榜する人ではなく、たとえば難解なボヌフォワの詩論を愛読したり、自身もきわめて知的な構築のある詩を書いたりする人なのだけれど、その人にして、ときに上のような言葉をもらす場合、その言葉のうらに、知的な操作のあるものへの心の奥深いところでの不信の片鱗がちらついているようにぼくは感じてしまうのである。

だが……いや、やはり、問題は、知的か知的でないかなどでは、必ずしもない。むしろ、次のように考えてみることもできるのではないか。

「構造」という言葉は、ただちに「構築」という言葉を連想させ、そこから「つくりもの」という観念を呼びおこす。この「つくりもの」という観念が、どうも日本人の心性には「うさんくさいもの」というふうに受けとられがちだったのではあるまいか。そして、詩人や詩の読者、批評家の心にも、この「うさんくさい」という感じ方はひそかに生きていて、それが、詩の構造というような事をとかく等閑に付して来る原因になったのではないだろうか。

しかし、実のところは、詩作品は、その本質からして、すでに「つくりもの」なのだ。そして、その意味で、「構造」のない詩などというものはあり得ない。「ただ頭ででっち上げた詩はろくな感動を呼べない」と言うことはあくまで正しいだろう。だが、それと「詩作品の構造性に無自覚であること」とは何のかかわりもないのであり、くり返すが、構造のない詩などというものは決してないのである。詩である以上は、それがかりに自然の秩序の讃美の詩であっても、自然の秩序に対立する「つくられた秩序」の上に立っているはずではないか。そして、ここで、一見思いつき的に(というのは、思想史的裏付けなしに、ということで、しかし、ぼく自身にとっては決して思いつきではないことなのだが)言ってしまうなら、支配者(それが神であれ、権力者であれ)は、このような「つくりもの」への一般的反撥の傾向をむしろ歓迎し、助長して来たのではあるまいか。彼らは自らの秩序を、それ自体が一つのつくられた秩序であるくせに、自然の秩序の名の下にそれを隠蔽しつつ、広く及ぼし、そしてこれに対立する秩序を構想することを「つくりもの」として人々によって排斥されるようにしむけて来た、とは言えないだろうか。

もしそうであるならば——というのは、《詩が自然の秩序に対立する秩序の上に立つものであるならば》ということだが——それならば、どうして、その「つくりもの性」に居直り、「つくりもの性」に徹しようとしないのか。善人どもがはりつけたがる「つくりもの」という評語《レッテル》がもっている危険な機能には十分警戒しなければならない。そこには、単なる知的遊戯や自慰的な模様あそびと一緒にして、反逆的な精神の営為をも押し流してしまおうとする意図がひそんでいるのである。この「つくりもの」という評語《レッテル》をおそれず、ぼくたちは、その中から、貴重なものだけを救出しなければならないのではあるまいか。そしてそのことは、ぼくたちの詩の構造をより強固なそしてより自由なものに鍛えていくこと、同時に、構造への自覚と反省を積極的に深めていくことによってのみ可能になるのではないだろうか。

それにしても、現状は必ずしも楽観を許さないのである。これまで、詩の構造ということに十分な意識がはらわれていなかったばかりに、ぼくたちの詩作品の構造ははなはだ弱々しく、また多様性もじつに乏しかった、という現実がここにはあるのだ。戦後においいて、日本の詩が、質量ともにかつてない盛況を呈している、という認識がある。戦後に詩をかきはじめた者として、そのように言われることはうれしくなくはないのだが、ひとたび構造という観点から照明した場合、戦後詩は果してどれだけの成果をあげたといえるだろう。いくらかの深さを増し、また大いにひろがりを増したとしても、詩の構造という局面では、量はごく少なかったにせよすでに戦前に存在した試みから、さほど進んでいないのではないのか、と言えそうな気がする。

そして、このことは、詩の批評にみられるはなはだしい混乱と決して無縁ではない。構造についての意識が欠如しているところから、単なる私的感懐吐露の詩と反自然主義的な詩とが同一次元で、同じ論法でとりあつかわれ、たとえば私的な感懐の書きこまれていない詩の一部にまで、作者の私的発言を読みとろうとしたり、書かれてある事件そのものの意味の軽重や、感想の日常的価値の大小で、作品そのものの価値がそのまま決定されたり、いわゆる現実的な語が多用されているからといって、作品までが現実的であるかのように錯覚されたりするという事態が生じている。それほど、初歩的致命的なあやまりを犯さない批評の場合でも、ともすると、このような「構造についての無自覚あるいは無理解」ゆえの傷が口をひらく。いや、ひとごとではないので、ぼくにしたところが、始終そのようなあやまちを犯しているにちがいない。だが、こんなことになるのも、すべては、ぼくたちの「詩の論理」の中では、「構造」という要素がはなはだ曖昧かつ稀薄になっていて、それを論ずる《文法》も成立していないという所から来ているのではないのだろうか。そして、これがまた詩作品の方へはねかえって来て、現代においてはすでにほとんど無力な単調な構造や分裂した構造しか持てぬ詩がくり返し生産されることになっているのではないだろうか。

ぼくは、この連載を通じて、その「詩作品の構造」についての文法をうち立てようと企てている、というのではない。それは、おそらく、いや必ずや、ぼくの手にはあまることだろう。しかし、こういうことは、だれかが手をつけなければならないのだし、やがて強烈な精神がそれを成しとげにやって来てくれるまでのつなぎとしてでも、これに関するいくつかの問題について、ささやかなメモだけはとっておきたい、というわけなのだ。それが不幸にして、この覚え書の「はじめに」で書いたとおり、《自分のためだけのメモ》に終ってしまうとしても……。

ところで、ここで言っている「構造」というのは、詩の「形式」ということでは必ずしもなく、「形式的諸要素」もそのごく一部として内に含む、いっそうダイナミックな関係と秩序を指すのだ、ということも言っておかねばならないであろう。スタチックな論理における、内容と形式、あらわすものとあらわされるもの、かくすものとかくされるもの、作者と作品、作品と読者、部分と全体、持続と断絶、私と非私、主体と客体、そういった一見対立的なものを要素としてとりこみながら、それらを対立させ、また揚棄統一させせつつ流動し持続するものの座としての「構造」、このようにして構築される魁偉な「つくりもの」の秩序、それの具体的な在りようを様々の局面から考えてみたい――そして、今のところは、このように漠然としか言えぬものを、少しずつ追いつめてみなければならない。「構造」についての明確な定義をここに確立することができないのは、残念ではあるが、これが根も葉もない仮空の概念でないことだけは、信じていただけるのではないだろうか。

ここでせめて、いま少し予感を書きつけておくならば、この追求においては、前章で擬物語詩に関連して出て来た《相互依存性》《自由性》《多義性》《矛盾性》《不安定性》といった概念が、かなり重要な役割を果すことになるだろう。

また、次のことも言っておいてよいかも知れない。詩の「構造」が、作者と作品と読者と世界との関係を内に含む以上、ことは倫理的な局面にまでも触れていくであろう。しかし、できるだけ、いわゆる「思想性」と「詩作品」との短絡を避け（そのような短絡現象はことさらここで演ずるまでもなく、世に充満しているのだから）それが作品の構造の次元において必然的に結びついて来るのをじっと待つことにしたい。そして、ここでも予感めいたことをつけ加えるなら、この局面での「構造」の追求は、先にもいささか口をすべらせたように、おのずから「詩の反逆性」（この世界を造った「神」を象徴とする権力・支配体制・世間的善等々に対する反逆）へと導かれるのではあるまいか。

このことは、かつてぼくが堀川正美氏の詩集『太平洋』の書評にかこつけて、感受性の新しい容れ物を鍛える必要を云々した（「現代詩手帖」昭和四〇年二月号）ことと、決して無関係ではないのである。

4

基本的な諸問題についての雑然たるメモと、そのまとめ

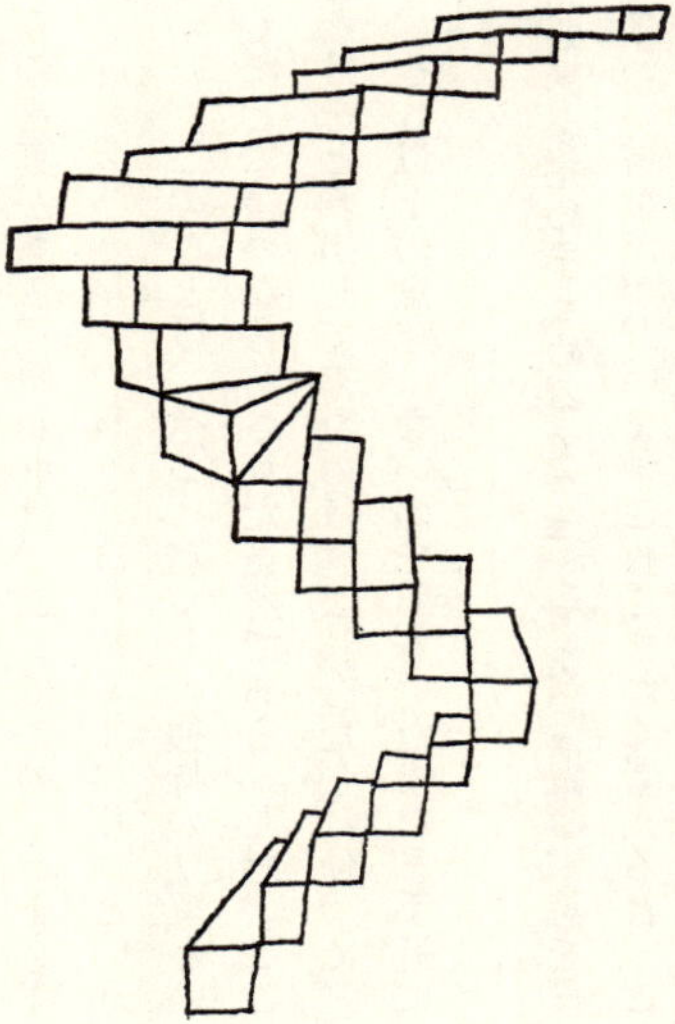

Ⅲ　基本的な諸問題についての雑然たるメモと、そのまとめ

昨年出たフィリップ・ソレルスの小説『ドラマ』の書評を、ある雑誌でロラン・バルトが書いているのを、先ごろ読んだ。その書評のはじまりの所に、「詩作品を作るというのは、一つのオブジェ（対象としての事物）の構成を目指して、諸要素を集めまとめる専門技術家《テクニシアン》の活動のことだ」といういみの言葉がある。バルトは、ここでこのことを必ずしも力を入れて主張しているというのではなく、「しょっちゅう言われるとおり」ということわりをつけているくらいで、たしかに、このことは、べつにバルトの独特の見解というより、すでに一種の俗論とさえ言えるほどに言いならわされた見解である。ただ、ここで、ことさらこのバルトの書評の一行だけをとり出して来たのは、これをだしに使って、少し考えてみようと思ったからなので、それ以上の意味はないのである。たまたま手近にあって眼に触れたから……というにすぎない。

《一つのオブジェの構成を目指して諸要素を集めまとめるテクニシアンの活動》、詩を作るという行為の定義として、仲々要領のいい言葉だが、いますこしこまかく考えると、この簡単な定義にも、いくつかの重大な問題がひそんでいることが感じられてくる。そして、

それらは、この覚え書の第I章で、すでに簡単に触れた問題とも関連しているのだ。すなわち、《詩作品は目的であるのか、手段であるのか》ということ、また《作品構成上の諸要素（素材）とは何か》ということ、さらに《それらの諸要素を集積して作品とする方法はいかにあるか》ということ、《「作者と諸要素との関係」と、「作品と作品との関係」との関係はいかにあるか》ということ、等々。以下では、このようにして出て来た問題を、その全部は解きほぐせないとしても、端の方からつついてみることにしよう。

A　作品とその要素（素材）

前々章のB（第一回）で、「作品の構成の素材は単語だけではない」「素材として処理される単位は、一つ一つの単語である必要はなく、文あるいは節であることも考えられる」「語、文、節などを日常的用法のコンテクストからはずし、素材として利用する」「素材のイマージュ化」などのことを一応メモしておいたが、ここには見すごしてはならない重大な問題が残されていた。言葉というものは——ここで言葉というのは、一個もしくは一個以上の単語の連なりを指すが——いかなる言葉でも、それが発せられる（口から、あるいは文字として）ときには、発話者との《関係において》発せられているのであり、それが受けとられる（耳で、あるいは目で、そして結局は脳で）ときには、受け取り手との《関のことではないか？　そう、あたりまえのことである。だが、このあたりまえのことに、いましばらくかかずらっておかねばならないとぼくは思う。

さて、上のことは次のようにも言いなおせよう。「言葉というものは、状況において、ある。」だが、このいかにもサルトル風な言い方は、ここでは避けて、先の言い方をつづけることにする。言葉は「発話者との関係において」、そして「受け手との関係において」受けとられているのだ。あたりまえのことではないか？　そう、あたりまえのことである。とすれば、そのようなものである言葉（語・文・節）を素材として利用するとは、どういうことなのだろうか。つまり、こう言いたいのだ、言葉をものとして作品の構築に用いるということと、石や木を材料にして家を建てるということとの間には、形の上で若干の類似性が感じられるとしても、やはり本質的には別なことなのではないか、と。

これを考えるために、まず言葉と人との関係のあり方を点検してみよう。[註1] 人は言葉と二通りの仕方で関係する。その二つというのは《現実的関係》および《非現実的関係》である。《現実的関係》というのは、言葉がぼくたちにとって単なる外的現象、紙の上のインクの線、ある振動数と強弱と音色を持った音のつらなり、でしかないという関係であり、それらは、ぼくたちの意識がそれに向けられていなくても、ぼくたちと関係を持続する。一方、《非現実的関係》というのは、ぼくたちの向きが変れば消滅してしまう関係で、言葉を意味において、あるいはイマージュとしてとらえる場合はこれに当る。このように、人は《現実的および非現実的に》言葉と関係するのであるから、《発話者》と言葉との関係、《受け手》と言葉の関係も、またこの二面性を有しているのは言うまでもないことである。そして、このような関係においてある言葉を素材とするという限りは、それは、このような関係そのものを含めて素材とするということになるのではないだろうか？　石や木を使って家を作るのと、言葉を使って詩作品を作るというのとが、ちがうというのは、けだしここから生ずるわけであって、建築の場合の石や木とぼくたちの本来の関係は現実的関係であるのに対し、言葉とぼくたちの関係は現実的・非現実的の両関係を含み、とりわけ非現実的関係にきわめて多く依存しているのである。

B　素材としての言葉のありよう

前項で、言葉とものとはちがうとしたことについて、「しかし、詩人とは、言葉をものとしてあつかうもののことではないのか」という反論あるいは疑問が提出されるであろうことは容易に予想される。だが、それに答を与えることはしばらくおあずけにせねばならない。その前に、詩作品の素材のありようについて、なお検討をつづけておきたいのだ。詩作品の素材が言葉（語・文・節）であり、それらは発話者および受け手との関係においいてある——すなわち状況においてある——とするならば、その状況の構造についても、分析しておく方がよいのではないかと思う。

ある状況や事件を把握するためには六つのWが大切だ、ということがよく言われている。つまりWhen（いつ）Where（どこで）Who（だれが）Why（なぜ）by What means（どうやって）What（何を）したかである（最後の項を略して五つのWと言われることもあるようだ）。言葉の状況性をこれでもって表してみると、ある特定の時、ある特定の場所で、特定の発話者が、ある特定の意味内容を伝えようとして、口あるいはペンを用いて、言葉を発するのであり、また、ある特定の時、ある特定の場所で、特定の受け手が、発話者の伝えようとするものを受けとるために、耳または目を用いて、言葉を受けとるのである。言葉が状況においてあるとは、このようなことに他ならない。ところで、この分析はすぐつづいて、更に六つのWを要求されることになるのである。というのは、ほかでもない、言葉が内容を伝え、受けとるために、発せられ、受けとられるものである以上は、その内容について、やはり同じようなこと（内容となっている状況）が考えられそうである。言葉がいくつかの単語から成る場合はなおさら、一つの単語で成っている時でも、それはある状況の表現であることがほとんどであろう。たとえば「猫！」の一言でも状況によっては、「そら、いま、そこに猫が、魚をとろうとして、こしたんたんと、狙っている」といったことをあらわしているであろうし、「ああ」という一声も、「いま、ここで、わたしは、失恋のために、ひどく悲しい」という意味を負わされて使われ、受けとられているかも知れない。

以上を要約して言えば、状況における言葉は二重に（外的および内的に）六つのWによって支配されているわけである。

しかしながら、この六つのWをさらに検討してみると、その六つが六つながら、特定性↕不特定性[註2]↕非在性（欠如性）という三つのありようを理くつとしては示し得ることがわかってくる。すなわち――

When →特定時――不特定時――非在時
Where →特定場所―不特定所――非在所
Who →特定人物―不特定者――非在者
Why →特定目的―不特定目的―無目的
by What means →特定方法――不特定方法――無方法
What →特定行為―不特定行為―無行為

言葉が状況においてあるということは、このようなありかたのどれか一つにおいてであり、そのありようの差やゆれ動きが、やがては素材としてとり上げられた場合に成立する作品にさまざまなありようの差をもたらすことにもなるであろう（たとえば、いわゆる私詩の極端なものは、上記の意味における外的なWhoも内的なWhoも作者と終始一致している場合である）。

この点について、さらに言いそえておきたいのは、上の《二重の六つのW》の各項はべつに現実・実在のものである必要はなく、架空の・想像上のものであってもよい、ということだ。そこからフィクションの問題が顔を出してくることにもなるのである。つまり、言葉（ぼくはこの用語を、あいかわらず、語・文・節など、やがて詩の素材をなすもの、の意味で使っている）における六つのWのありようは、現実の次元での《特定性——不特定性——非在性》か、非現実の次元での《特定性——不特定性——非在性》か、であることになるのだ。

言葉が状況においてある、そのありかたについて上のごとく見てきたわけだが、これは言いかえれば《関係においてある》言葉（「言葉関係」）の、そのありようの検討でもあった。そして、話は元にもどるのだが、そのような言葉を素材として詩人は詩を作る（素材同士を特定の関係におく）のであるからには、詩行為とは詩人と《関係の関係》[註3]との関係であり、また《関係の関係》と読者の関係であると言えよう（「関係」という語がいやに重なって、少々こっけいな感じがするかも知れないが、笑いごとではなく、ぼくにはそうとしか思えないのである)。

C　言葉を素材とするということ

　ここで、前項のはじめに記した疑問にもどることにしよう。「詩の言葉は、石や木のような物とはことなるというが、しかし詩人とは言葉を物としてあつかうもののことではないのか」というあの問いである。いまや、この問いに対する答えは容易にできる。「そうだ、そのとおりである」と答えればよいのだ。言葉が事物とことなるのは、それはあくまでも物ではなくて、関係だからであり、しかも詩人はそういう関係としての言葉に対して物に対するのとほぼ同様に対して(「言葉関係」の素材化)、それでもって作品を構成する(一個あるいは数個の「言葉関係」の関係づけ)のである。

　関係の関係の関係という点に着目して言えば、詩は音楽とはなはだ似ているといえよう。個々の音の高低・強弱・長短の関係としてのリズムやメロディ、それらの関係としてのパッセージ、そしてそれらの関係としての楽章、さらにそれらの関係としての形式。しかし、音楽における関係は微分して行けば、ついにはおのずと自然的現実としての音に帰着するのに対して、詩における関係には、どこまでも人間的関係がつきまとう。人間的関係をふり切ったとき、それはペンの軌跡としての線、あるいは声のつらなりにすぎず、かりにある種の美術、あるいは音楽ではあり得ても、もはや詩とは呼べないのではあるまいか。純粋詩といわれるものが、ついに不可能なのは、まさにこの故であり、詩につきまとう人間的関係を不純と見て拒否を重ねていけば、詩人は言葉を奪われざるを得ないのである。詩人のつとめは、それ故、関係を不純として拒否することではなく、かえって、関係を積極的に受け入れ、それらの間に関係の関係を打ち立てることにあると言えよう。

それにしても――詩が言葉によって構成されるものだとして、しかもその素材としての言葉が「語」であるか、「文」であるか、「節」であるか、あるいは、それらの混合であるかによって、また、その素材が一個であるか、複数個であるかによって、生れてくる作品の様相はかなり変ったものになるのではなかろうか。次回はその辺に光をあててみることになるであろう。

註1　この部分の分析は主として岩成達也『覚書』によっている。

註2　実際には、外的な状況におけるWが、この三つのありようをすべて示しうるわけではないと思うが。

註3　この「関係の関係」ということと、第Ⅰ章のC（第二回）で引いたブランショの言葉に見られる

「己れ自身のイマージュ、言語のイマージュであるような言語」という観念とは、いずれ一つに結んで考えるべきであろう。

5

基本的な諸問題についての雑然たるメモと、そのまとめ（つづき）

D 詩人——発話者——主人公

前回のAからCまでに見ておいたことの一部は、次のように要約することもできる。一篇の詩作品の構造を考えるにあたっては、詩人（作者）と、発話者と、発話内容の中心人物（主人公）との三者は、まず第一に区別する方向で意識されねばならない。作品によっては、この三者の、第一と第二が、あるいは第二と第三が、さらにまた第一と第二と第三が、同一視されかねない場合もしばしばあるのだが、そのような場合でさえ、この三者の関係は十分な点検にあたいするであろう。それというのも、ある作品の《興味》は、この三者の関係からも発していることが普通であり、いや、それどころか、この三者の関係は、単なる形式上の問題に止まらず、詩の本質的問題と深く不可分にからみ合っていて、いわばその解きほぐしの最初の手掛りになるはずだと思われるからである。性急に言ってしまえば、これはランボオの例の「私とは一個の他者である」という言葉とも関り合うはずのことだし、一方ではエリオットの「個性没却説」とも結びつくであろう問題でもあるのだ。そしてまたこの章の枕（前回）で、ちょっと名前を出したソレルスの、次のような問いへの答えを求めるにあたっての、もっとも基礎的な条件でもあるからである。

「私を拘束しているこの世界に向いあい、《私自身でもある》この世界にひそかにあいまみえ、それらの世界を検討して、空間と時間（そしておそらくそのかなたにまで）拡張し、分裂と平衡、狂気と推論、夢想と反省にまで拡張していく精神に向いあって、私はなにをなすべきだろうか？　私には所与のものとして、あるときは催眠術にかけられているみたいに緩慢で、またあるときは急速に旋回して、とほうもなく拡大していくあの運動がある。《私》はその運動を包含し模倣するひとつの形式を求めている。そういう形式こそが、くねくねしたむき出しの言語を啓示して変転を現わし、自らの内部に変化し上昇する場を構成するはずである。とどのつまり、同じ次元にぞくさない解答をも受けいれられるほど広い場において、実存の問題を提起してはいけないものだろうか？」（『フィクションの論理』若林真氏訳）

しかし、ここでも、いたずらに議論を先走りさせることは極力避けて、足元を固める作業をつづけねばならない。話が抽象的に推移して、そのための誤解がまぎれ込んでも困るから、ここらで、やはり、具体的な作品の一、二について、前記三者（詩人―話者―主人公）の関係をたしかめておこう。まず、問題がもっとも明解な形をとっていると思われる作品を引いてみる。

大石誠之助は死にました、
いい気味な、
機械に挟まれて死にました。
…………
日本人で無かつた誠之助、
立派な気ちがひの誠之助、
有ることか、無いことか、
神様を最初に無視した誠之助、
大逆無道の誠之助。

ほんにまあ、皆さん、いい気味な、
その誠之助は死にました。

（与謝野寛「誠之助の死」部分）

周知のごとく、これは「大逆事件」に連坐して死刑になった友人、大石誠之助を主題にした詩であるが、これについて前記の三者を区別すると、《詩人》は、この作品を作った与謝野寛であり、《話者》は、大石の死を「いい気味な」と語っている「わたし」であり、《主人公》は大石誠之助である、ということになる。言うまでもなく《詩人》は、大石の死を「いい気味」などと思ってはいないのであり、その意味で《話者》とは反対の立場である。ここでは《詩人》と《話者》の関係は単に判断と語調が逆転されているだけの、簡単な反語的表現に他ならないが、それはともかく、読者は《話者》の発言をそのまま《詩人》与謝野の発言ととるわけにはいかない。ところで、同じ大石誠之助の死をうたった詩に佐藤春夫の「愚者の死」があるが、これもまた全くといってよいほど同じ構造の作品で、《話者》は、大石の死を「日本人ならざる者、／愚なる者は殺されたり。」と述べている。もちろんここでも、佐藤春夫は大石を愚者とは考えていないのだ。

この同じ主題に対して、たまたま同じ構造が用いられていることについては、当時の社会状勢を当然考慮に入れなければならない。つまり、感慨をそのまま書きつけることは危険であり、どうしても反語的表現をとらざるを得なかったという点である。おそらく、作者自身の方法意識の焦点も、もっぱらそこにあったのだと思う。

しかしながら、もしもこれらの作品を、今日ぼくたちが（あるいはぼくが）詩作品として認め得るとするならば、それは、とにもかくにも、まさにこの反語的表現という点をおいてはないのだ、と言わねばならない。今しがたも言ったように、これは単なる作者の気持の裏返し的な表現にすぎないし、抵抗という面で言えば、当時の状勢の中での極めて消極的なそれにすぎないかもしれぬ。だが、もし作者たちが、この裏返しをせずに、志あるところをまっすぐに述べたとして（そんなことがあり得るとしてのことだが）はたしてこれらの作品を超える作品を生み得たかどうか、ぼくはおおいに疑問に思う。この反語は、時代相や社会状勢によって強いられた反語である以上に、（作者がそれを明確に意識していたかどうかは別として）作品自体の要請による反語ではないのか。つまり、読者がこれらの詩に惹かれるとすれば、それは、これらの作品において、《作者》と《話者》と《主人公》との三者の関係の奇妙なゆがんだ在りようにまつわりたたなわっている感情に、まさに惹かれるのではないだろうか。

　ところで、《作者》と《話者》の解離は、いつでも「反語」という形をとるとはかぎらない。「反語」は要するにもっとも初歩的な方法なのであって、一作品の全体をこれでもって支えようとするにはいささか弱い。実際には、反語の他に無数のより複雑な場合が考えられる。たとえば、エリオットの「プルーフロックの恋歌」の一部を引いてみようか。

　考えてみれば、まだまだ思案の時間はあるだろう、
「ひと思いに断行してみるか」「ひと思いに断行してみるか」

踵をかえして、階段を降りてゆく時間、
おれの頭のまんなかにある禿げを見せ――
〔女どもはいうだろう、「あの人の髪はずんずん禿げてゆくのね」〕
おれのモーニング、がっちりと顎まで突きあげたカラー、
タイはひどくぜいたくで謙遜だが、こいつを主張するのが単純なピン一本。
〔女どもはいうだろう、「あの方の腕も脚もなんて細いんでしょう」〕
いっそ、ここらで思いきって
宇宙を攪乱してみせるかな。
一瞬のなかにこそ一瞬が逆転するところの
決断と修正の時間がある。

（「J・アルフレッド・プルーフロックの恋歌」三七―四八行、深瀬基寛氏訳）

一三一行からなるこの詩を書いたときエリオットは二十二歳の学生だった。だが、この作中の「おれ」は、頭のまん中の禿げた中年の男で、その男の恋の逡巡が作品の主題を成している。したがってこの作品では、《作者》と《話者》は明らかに別人である（《話者》と《主人公》とは、これは同一人物と言ってよいが）。

ここで、プルーフロックなる中年男について、エリオットの分身と見るのは当らないし、反語的ないしは逆説的な自己提出と見るのも間違いだ。作者エリオットと、話者プルーフロックと、作中でそのプルーフロックが行なう自己規定との関係は、先に見た大石誠之助の死についての二篇の場合に比べ、はるかに複雑で高次の関係がある（本論の、この段階では、まだ、その点をもって、これらの作品間の優劣を云々するつもりはないが）。

そして、この複雑さは、エリオットの代表作である「荒地」に至っては、もはや、容易に捕捉できないまでに甚だしくなっている。五部四三四行からなるこの作品では、各パートの中でも発話者がたえず移り変り、また数多くの文学作品等からの引用の行や、伝統を負ったイメージや状況が挿み込まれて、それらが一つの作品という全体を構成しているのだ。

だが、このような極度に複雑な構造を持った作品についてあげつらうのは、ここではなお時機尚早であろう。ただ、ことのついでとして一言つけ加えておくと、ぼくたちの日本の詩では、このような大きな主題と複雑な構造を持った作品は、現在においてもじつに少ない——事のよしあしは別にして、じつに少ないのは物足りないことである。近年、相当の長さの詩がよく書かれるようになり、また詩劇や劇詩として作られる作品も多くなっているのだが、それにしても、構造という点では、意外に旧態依然で単調な感じがするのはどういうわけだろう。いや、なにもひとのことではない。ぼく自身の作品にしても、構造という点では、いわば、単旋律にひとしいのだ。まあ自分のことはこのさいしばらく棚に上げるとして、戦後の詩もこれだけ隆盛（?）なのだから、この局面でも意欲的な傑作が出現してもいいと思うのは、勝手な注文だろうか?

話を元にもどそう。

先の引例で、《詩人》と《発話者》と《主人公》の区別――特に前二者の区別――という点については、誤解の余地はかなりなくなったのではないかと思うのだが、最後に一つどうしても言わなければならないのは……いや、これは項を改めて書くことにしよう。

E　どんな作品においても《詩人》と《発話者》は別である

前項で見た二つの引例は、《作者》と《発話者》とが別人であることがきわめてはっきりしている例であったのだが、じつはそれは、特殊な作品においてそうだといったことではなく、すべて詩作品である以上はかならずそうだという性質なのである。これまで書かれて来た、そして現に書かれている詩は、そのおそらく九割以上が《作者》と《発話者》との間に区別が無い（無いかのごとき）詩である。この事実が、この問題をあいまいにして来たと言えるかも知れない。また、いわゆる前衛的な作品とか、新しい試みとか言われるような作品でも、《作者》《話者》の関係で見ると、意外に構造が単純素朴な場合がしばしばみつかる。もっとも、ぼくは今、そのことを責めようとしているのではかならずしもない。ぼくは、差し当っては、構造が複雑か単純かということと、作品の優劣との間には直接的な相関関係は存在しないとさえ思っているくらいだから。

ただここで問題は、大ざっぱに言って、詩の作者および読者に、「《作者》と《発話者》は区別されねばならず、それはどんな詩においても詩作品であるかぎり（いわゆる私詩的といわれる詩においても）そうなのだ」という事実が、かならずしも既知のこと周知のことなっていないらしいという点にかかっている。「作品」が日常の会話や独り言や、その速記と異なっているのは、まず第一にこの点においてなのではないのか。不要な誤解を避けるために急いでつけ加えるが、上のことは、作中の「私」を作者とは全く別な立場や状況の人間として設定せねばならぬということではない。作中の「私」が、作者の立場や状況とほぼ同様の設定を受けていたとしても、そのこと自体としては否定すべきことではない。ただ、その場合でさえ、作者とその「私」との間には、必然的に本質的な差異があるのだという点についての意識を、十分に喚起したいのである。

たしかに、いわゆる「私的感懐の吐露」の詩に対して、ぼくはあまり好意が持てない。しかしそれは、次の二つの疑問にもとづいている。第一に、「かりに詩は私的感懐吐露の手段だとしたところで、ありのままの感懐を言葉として直接的に吐露すること自体が一体可能であるのか?」という疑問、第二は、第一の疑問の裏返しとも言えることだが、「作者がそのまま発話者になりすまして(なりすましたと思って)感懐を吐露した(と思った)として、それがはたして「詩作品」であり得るのか?」という疑問である。なにも「私詩的」な詩のすべてを拒否しようというのではなく、《作者》と《発話者》との間に、自覚的・無自覚的ななれ合いやごまかしのある詩を「詩作品」として認めたくないと言っているのだ。いわゆる「私詩的」な詩にも傑作はある。だが、そのような傑作では、例外なく、《作者》と《発話者》の間には決定的な断絶と、その断絶克服への努力のあとが、作者の自覚、無自覚は別としても、結果として見られるのだ。その意味から言って「私詩的」な作品は、「非私詩的」な作品よりも、しばしばより高度の才能と技術とを必要とする、成功率のきわめて少ない一種の冒険であるという気がしてならない。なまなかの気持ではとりかかるべきではないのではあるまいか。

6

基本的な諸問題についての雑然たるメモと、そのまとめ（つづき）

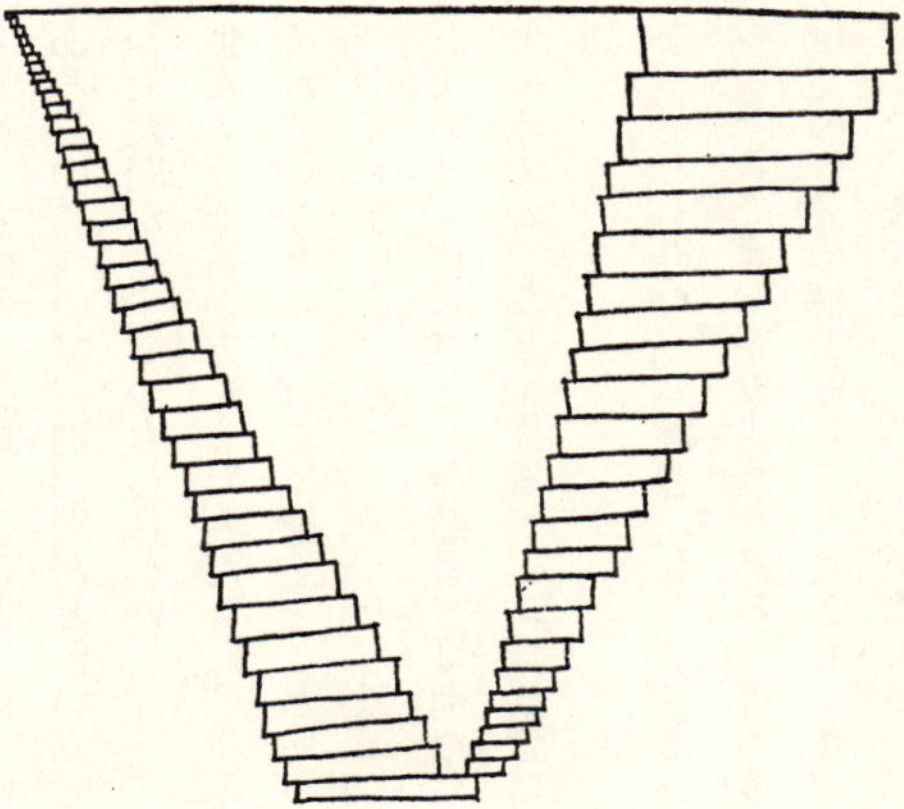

F《作者》と《発話者》の区別をことさらに強調することの意義

どんな作品でも、それが詩作品であるかぎり、そこでは《作者》と《発話者》はおのずから別であるとすれば、では、その事実をことあらためて意識し、強調することには、いったいどういう功徳《くどく》があるのだろう。元来が別であるものについて、別だ別だと言い立ててみても意味がないのではないのか。――こういった疑問が生ずるかもしれない。

じつは、すでにこの連載の第三回にも、ぼくは似たような言い方をしたのだった。……構造のない詩などというものは決してない、と。それでいながら、ぼくは構造をことあらためて意識し、問題にして、この覚え書を書きつづって来ている。意識しようと、意識しまいと、詩には構造がある。強調しようと、強調しまいと《作者》と《発話者》は別だ。それなのに、なぜ詩に構造があることを意識しろというのか。なぜ《作者》と《発話者》の別を強調するのか。

これに対する答えは、さし当っては次のようにならざるを得ない。構造にもさまざまな在りようがあり、《作者》と《発話者》の違いにも、さまざまな在りようがある。その多様なさまを点検していくことは、結局は、ぼくがぼくの作品の構造としてもっともふさわしいものを発見することにつながっていくはずだ。また、読者としてのぼくを夢中にしてくれるいくつかの作品の秘密に参入することにもなるはずだ。そして、ここで言っている構造というのが、作品の単なる形式のことでないのであってみれば、ことは、作者であるぼく自身の構造、ぼく自身と世界との構造にかかわり、ぼく自身の自由にかかわり、読者の自由にかかわっているにちがいない、と。この答えは、今の段階では、必ずしも十分説得的ではないかも知れないが、いずれは更にはっきりさせることもできるだろう。

《作者》と《発話者》の違いを第一に強調したことについても、それが詩の領域を拡げ、奥行きを深めるため（いや、そう言ってはすこしちがう。詩の真の領域――詩の場所――を設定するため、とためらわずに言うべきではないか）に、不可欠な作業であったことは、判《わか》る人には判っていただけると思う。

G　詩作品における《作者》と《発話者》の関係の在りようの点検

出発点が《作者と発話者はイコールで結べない》というところにあることは、以上で見たとおりである。さて、《イコールで結べない》という認識のあとでは、作者は必然的に次の三つの態度のどれかを選ばねばならないだろう。

(1)発話者が作者とイコールでないことをかくす（気づかぬふりをする）ような書き方をする。

(2)発話者が作者とイコールでないことをあばく（徹底させる）ような書き方をする。
(3)上記両者の中間的態度（ことさらかくしもあばきもしない）。

これらのうち、(1)の態度の端的な例としては、ある種の私詩的な詩を考えてみればよい。語のえらび方や発話者の状況を、わざと作者自身の日常的個人的な諸要素をおりまぜて成立させること。これに反して、(2)の態度は、より多様な在り方が考えられる。いかにも作者と違う人物を仮構して（エリオットにおけるプルーフロックのように）、その人物に語らせるのも一法だし、超人間的な視点からの言葉を用いることもあり得よう。ここでは作者の実生活上の要素の介入はきびしく排除され、逆に作者の実生活にあり得ないものが積極的にとり込まれる。(3)は、いわば(1)(2)の折衷で、語り手はあきらかに作者と別人であることが示されているのだが、その語ることの中には作者の個人的要素がいくつも混ざっているといった場合、あるいは、それらの関係が曖昧にされていて見きわめ難いといった場合である。

ところで、容易に気づくことだが、上記の三つの態度は、それらが何らかの意味を持ち得るためには、読者が作者の個人的要素について多少なりとも知っていることが絶対に必要である。読者が作者について何の知識ももっていなかったとするならば、これら三つの態度は、単なる作者の一人芝居になってしまうだろうからだ。ところが、いっぽうでぼくたちは「詩作品は作者個人をはなれて自立すべきであり、作者個人の生活上の事実や立場を知らずとも、作品の鑑賞は成立する」とか、「作品を作品として評価すべきだ」とか、つねづね聞かされており、ときには自分でも口にしたりしているではないか。これはどういうことになるのか。だが、この問題は次のように考えるならば、いちおうの解決はつくだろう。先ほどから云々してきたことは、じつは作品を構成する要素（素材）としての言葉関係（語・句・文・節など）の個々についてもっぱら云々してきたのであって、詩人はそれらの《素材としての言葉関係》を物の如くに扱って関係づけ、一篇の作品を構成するわけであり、「作品を作品として鑑賞する」といった言い方は、このようにして成立した一詩篇の全体について適用されてはじめて意味を持ち得ることなのである。

一つ一つの《素材としての言葉関係》（前々回のA、B、C項参照）においては、上記の三つの態度は、やはりそれなりの意味を保持していると言わなければならないだろう。けれども、しかじかの作者の態度を裏に持った《言葉関係》も、素材として選ばれ、他の《言葉関係》と関係づけられ、作品が組み立てられていくときには、問題の次元は変ってくるのだ。それについて若干気づいたことをメモしておこうと思う。

先の(1)の態度が《作品》の次元でも尚意味を持ちつづけるためには、作品の構成要素としての複数個の《言葉関係》において、すべて(1)の態度が一貫してとられていなければばならないはずである。このことを逆に言えば、そのような作品は、その鑑賞にあたって作者の伝記的・生活的事実を知っているほうが有利な場合の多い作品、ということになるだろう。そして、このことが、しばしばこの種の作品の限界となる。

同じことは⑵の態度についても言える。ただし、この場合は、各構成要素においてすべて⑵の態度がとられているだけでなく、各構成要素の発話者が一貫して《作者ではない同一人物》として措定されており、状況も特定の現実の事件に裏打ちされて一貫している必要がある。その実例として、先に見た与謝野寛の詩を挙げてもよいのではないだろうか。あの与謝野寛の詩は、「大逆事件」という歴史的事件についての知識をある程度持ち、与謝野の人と立場についても、ごく漠然としたものであれ予備知識を持って読むのでなければ、果してどの程度まで鑑賞にたえるだろうか。いっぽう、状況がそのような現実の事件を下敷きにしておらず、完全なフィクションによって成り立っている場合も考えられるが、そこで発話者が一貫しているときには、作品はある種の物語性もしくは寓話性の如きものを持つことにもなろう。エリオットの「プルーフロックの恋歌」などは、いわばこのケースである。「プルーフロック」は大いに成功した例と言えるが、この方法(⑵の態度の一貫性プラス発話者の一貫性プラス架空の状況の一貫性)が、そういつもうまくいくとは限らない。それはむしろ一種危険なアクロバットと言うべきであろう。というのも、作者の主体は作品の表面からは全く消されているため、しばしば誤解を招き、また、単なる「お話」に終る可能性がきわめて大きいからである。それに、この方法においては、一貫している発話者の特性・個性（仮設されたものにせよ）によって限界づけられてしまうのを避けられない。つまり、なかなか日常的個別的地平から飛び立てず、トータルなものとの融合感を呼びさましにくいという弱みを内蔵しているのであるから、あえてこの危険をおかして成功を収めるには、やはりかなりの才能や技術を必要とするのである。

H　諸要素の構成の「方法」をめぐっての断想

複数個の《言葉関係》が順序づけられて一つの作品を構成するとき、それら素材としての《言葉関係》同士に《発話者》の一貫性が存在すると作品がどのようになるかを、前項でいくらか明らかにできたと思う。だが、《発話者》の一貫性を強いて求めない場合や、ことさら一貫性を破る場合にはどうなっていくのか、についてはまだ触れていない。また、《発話者》に一貫性がある場合にも、実際に諸要素が配列されるときにどのような順序をとるか（とり得るか）という点は検討していない。したがって、こういった問題の検討をすぐはじめたいところであるが、考えてみると、その検討のためには、詩作品の諸要素の構成ということ、配列といい、順序という言葉で言っていること、そのこと自体の点検が、先になされることが必要だという気がしてきた。で、ここでは、前項における考えのはこびをいちおうはなれて、自由な立場で、諸要素の連鎖のありかたや、詩の構成方法に考えられるいくつかのパターンについて、思いつくこと、浮んでくる疑問、考えねばならないこと、等々を順不同に書きつけてみようと思う。そして、ここから必要なものを抜き出し、すじみちを考えることは、次回以後にゆずることにする。

(イ)各要素を意味の面でとらえるとき、ほぼ同質のまま次々と並置される場合と、一種論理的な発展をする場合とが考えられる。これについてはバークやウィンターズの考え方は参考になるか？ (ロ)主題による展開——順序性（一方的進行、可逆的進行）時間性。(ハ)半順序系的な配列。(ニ)音楽における主題と変奏——ソナタ形式、ロンド形式ｅｔｃ、(ホ)作品の図柄の必然による展開とその逆行。(ヘ)作者の主体性が順序の決定にだけかかっているような作品の可能性。(ト)二種の方法の交互使用↓混合使用。(チ)時間的主題による展開——Calendrier 一月、二月、三月……十二月。一時、二時……。春、夏、秋、冬。口実としての主題。(リ)論理的進行（論理的、擬論理的、非論理的）。(ヌ)徹底的な質的進行の場合、作品の一貫性を保証するものは何か、作者の態度？ 潜在意識？ ユング？ (ル)音韻ないし韻律的な要請が主導的な場合——それだけの場合。(ヲ)音韻による連想。(ワ)神秘学の体系を借用する。(カ)文化遺産に対するよりかかりの深浅。また、その重層的なあり方。特に日本の場合。(ヨ)「起承転結」「序破急」。(タ)方法の欠如という方法。(レ)「別な場所」の模型としての形式。模倣の試み。(ソ)倫理(もっともきびしい意味での)に結びつかぬ方法はついに何物でもない。(ツ)一つの語を軸とする場面転換↓ネルヴァル、プルースト。(ネ)作品の構造を夢の構造と同じくすること。(ナ)曖昧性、両義性への愛と憎。(ラ)円環構造——意味上の、主題上の、形式上の。(ム)円環構造で作られた円環構造——ボードレール「露台」(ウ)作品の中の作品の中の作品の中の作品——ルーセル。(キ)合せ鏡的作品とデカルコマニー的作品。(ノ)総和としてゼロとなる作品と、無限大となる作品、微分しても微分しても元の関係が保存される関係。(オ)余白、空行の意味と無意味。(ク)常に幅が浮動する廊下。(ヤ)直線上に描かれる地図。(マ)憑かれた構造、憑かれた建築、ボルヘス。アポリネール「月の王」。物語の、中で可能となるということ。(ケ)G項での検討を《相互依存性》《多義性》《不安定性》の観念ではかり直してみること。(H項未完)

7

基本的な諸問題についての雑然たるメモと、そのまとめ（つづき）

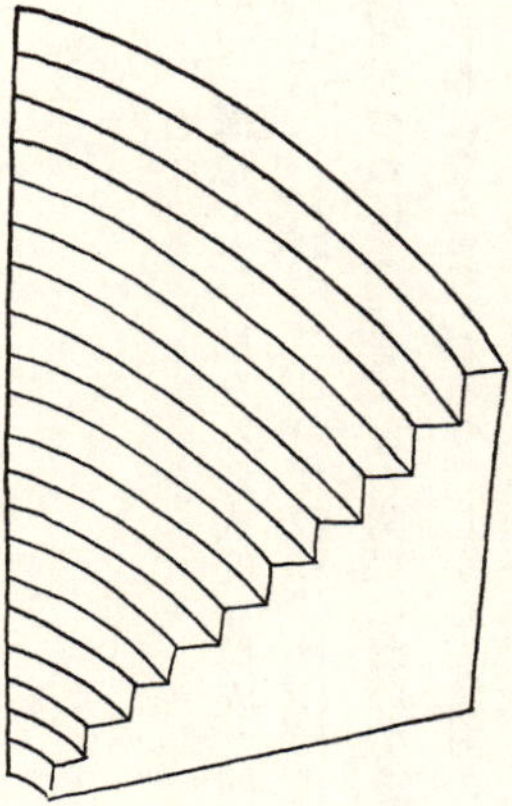

（H項承前）前回のおしまいのところで、詩の諸要素の連鎖のありかたや、構成のパターンなどについて、心に浮かぶまま三十あまりの事項を列挙したのだが、説明もつけずに無責任にほうり出したこれらのものをあらためて通観し、そこに通底的な特質をせんじつめると、これらはとにもかくにも、《文学作品は第一行から最終行まで、順を追って読み進まれるのがふつうである》という、しごく当然と思われる事実と、それぞれニュアンスの差はあっても深く関っていると言えると思う。してみれば、この「しごく当然と思われる事実」の意義について、第一に考えておくことが、詩作品における諸要素の《配列》とか《順序》とかを云々する上に必要であろうという気がする。ここで項をあらためて、この検討にあてることにしたい。

I　配列とは？　順序とは？

何よりもまず言っておかねばならない。詩作品の《構造》を、単なる形式的な構成と同一視してはいないのである以上、ここで《配列》といい、《順序》というのも、単に形式的な次元にとどまることではなく、問題は、それらがつねに《作者》との関係においてその全的な意味を持つダイナミックな次元で考えられねばならないだろう。しかし、検討の必要上、ここではまず最初に、問題をもっぱら作品の形態的側面にかぎったところから始めてみよう。

詩人が数個（二、三、……n個[註]）の《言葉関係》をものとして扱って、一個の作品を構成する場合、そこには当然のこととして配列、順序ということが出てくる。ことはn個のものの関係づけの問題なのだが、この関係づけのありかたについて、詩作品においてははじめからかなりの制約があるのを認めねばならない。

それは、言うまでもなく、詩作品の現実の在り方が、紙に書かれた（印刷された）文字の連なりにもとづいて成り立っていることに由来している。前項でも書いたように、読者は第一行の第一字から読みはじめて、最終行の最後の字まで順を追って読み進むわけである。場合によっては、途中で読むのを中止することもあるだろうし、途中から読みはじめることもあろう。また、あるところから、また前にかえって読み直す場合もあるかもしれない。しかし、それらは、ある読者の、ある特別な場合の読み方なのであって、一般的に言えば、詩作品は、やはりはじまりから終りへと、順次に読むのが慣わしというものだろう。

この慣行にけちをつける気はないが、それにしても、この慣行が、《言葉関係》の関係づけを考える場合の重大な制約となることはたしかである。作品が第一行、第二行……、第一節、第二節……、といったふうに読みすすまれる以上は、n個の要素は、形の上では必然的に一つの直線的順序系を構成することになる。一個の詩作品をn個の星で構成される小宇宙と考えるとき、そのn個の星は一列に並んでいて、しかも定められた一方の端から順にしかそれらをたどることができないのである。小宇宙としても、これはずいぶん窮屈な宇宙だ。一つ一つの星は、前後関係においてしか、他の星と直接の関係を持てない。それも、直前、直後の星としか。

幸いにして、われわれには記憶の力が与えられている。経て来た星についてなら、記憶（あるいは印象の残像）の助けをかりることによって、やや複雑に相互に関係させることもできよう。これによって窮屈さはある程度は補償されるにちがいない。だがそれにしても、一枚の絵画の世界や、一個の彫刻の世界にくらべてみると、それらにおいては一望のもとに全体の像がつかめ、また細部についても、視線をどのようにさまよわせるかは、観る者の自由にまかされているのに対し、詩作品の場合は、何と不自由なことだろう。朗読される詩の場合はどうかといえば、これはもっと不自由である。書かれた詩の場合、読者はその気になれば、元にもどって読み直すこともできるし、とばして読むこともできるのだけれど、朗読詩の聞き手は、元にもどってもう一度聞き直すということは、録音ならいざしらず、なまの朗読においては不可能であるのだから。——もっとも、朗読の場合には、声音のありよう、つまり音色・強弱・高低等で、《言葉関係》の特別な関係を強調することができるという利点もあるが。

このような次第だから、詩作品の構成は、すでに形態面で、かなりきびしい条件を課せられていると言わねばならない。とは言え、詩作品が紙に右たて書きか左横書きでつづられるものであるという先入見から読者を引き離し、一方的進行の呪縛をのがれさせる何らかの具体的な手管があれば、あるいはこの条件もいくらか緩和されるかもしれない。だが、そんな方法は果してあるだろうか。かならずしも無いわけではないのだ。古今東西の詩の歴史をさがせば、そのような試みもいくつかは見出すことができる。たとえば、一枚の紙面のあちこちに、ちょうど寄せ書きかなにかのように、勝手な向きに詩句または詩節を配置し、それらを読む順序は、かなり読者の自由にまかせるというやり方。このような例はアポリネールの『カリグラム』の中にも見られるし、じつはぼく自身も最初の詩集でこの種の幼い試みをしたことがある。「焦慮のうた」という題で、二十幾行かの詩句をぐるりと放射状に並べて、右まわりにも左まわりにも読めて、どこから読みはじめて、どこで終ってもよい（ということは始めもなく終りもないということになる）ようにして、果てしない堂々めぐりの感じを出そうとしたのだった（また、これは少し意味が違うと思うが、マラルメが『骰子一擲』の詩で試みた形式上の実験も、ここで思い合せておきたい）。

また、もしも詩作品がかならずしも紙の上に書かれねばならぬものでないとするならば、このような試みはより自由になるだろう。たとえば円柱のぐるりに詩行を並べるとすれば、読者が右へ廻るか左へ廻るかで、どちら廻りにも、どこからでも、どこまでも読めることになる。じっさい、ぼくはどこかの寺で、そういう石塔を見たおぼえがある。

さらに空想をたくましくすれば、円環体、つまりドーナツ形の立体の表面に詩を書くなど、どうであろう。そうすれば各行の中身を適当にえらべば、一行一行がはじめもなく終りもない行になり、しかも、それらの行について右まわり左まわり勝手の作品となる理屈だ。また、多面体の各面に一詩節ずつを書きつければ、詩節同士の順序関係はある程度自由になる。たとえばサイコロの各面に詩節をおき、ころがして出た順にこれを読むことにしたらどうか。

詩節間の順序を自由にするという意味では、次のような簡単な方法も考えられる。各節をそれぞれ一枚の紙に記し、それらの紙には番号もつけず、とじ合せもせず、ばらばらのままでただ重ねて帙か何かに収めるという方法。こうすれば詩節の順序は、読者の自由もしくは偶然にゆだねられることになる。もし十節からなる詩にこの方法をあてはめれば、そこに可能な順序の数は三百六十二万八千八百通りとなる。ここで第一節と最終節ははじめからきめて動かさないことにしたとしても、それでもなお四万余通りの組み合せ方が可能となるはずである。

一方、詩行同士の自由な組み合せへの試みとしては、あるフランス現代詩人が行なった奇妙な方法が思い出される。本の各ページの同じ位置に十四行の詩行（つまりソネット）を印刷した上で、各行間に切り目を入れ、各ページを一行ずつの十四の細片に分けて、おのおの自由にめくれるようにする。ちょうど子供の雑誌などで、ページの上半分だけをめくると、人形の絵の首がとりかわったりするのと同工異曲の試みだが、こうすることによって極めて多くの組み合せが可能になる。かりに十篇のソネットを用意して、この方法を適用すると、各行について十通りの可能性があるわけだから、理論上は $10^{14}=10^{7}\times10^{7}$ つまり千万の千万倍個のソネットが成り立つことになる。いや、わずか二篇のソネットからでさえ、この方法で $2^{14}=16384$ 通りのソネットを織り出すことができるわけだ。

だが、詩の外形的な在り様についての、このような空想あそびも、そろそろ終りにしなければならない。というのは、ここまで来て、あらためてぼくは痛感するのである。どのようにしてみても、詩が言葉で作られるものであり、それを一つ一つたどって読むものである以上、ついに《順序》から完全に手を切ることなど、できるはずがない、と。上で見たような、偶然と読者の自由とに大いに余地を与えていると見られる試みにおいても、《線型順序》の問題は作者の側から読者の側へと移転されただけで、依然として無傷のままに残されているのではないか。つまり、作者が諸要素の無限の組み合せの可能性を読者あるいは偶然の手にゆだねているとしても、そして読者がそこから自由に（それはじつはやや自由にというにすぎぬが）一つの順序を選ぶことができるとしても、そのようにして選ばれた結果は、それもまた一つの《順序》に他ならないのであり、この意味から言えば、あらかじめ作者が自ら決定しておいた順序（それはとりもなおさず決定させられた順序ということでもあるが）にしたがって読むことも、作者の提出する可能性の中から自分で順序を選びながら読むことも、読むという行為のありようで見れば、結局は五十歩百歩ではないだろうか。われわれには、はじめもなく終りもなく書きつづけることも、はじめもなく終りもなく読みつづけることも不可能なのだし、一方、同時に多数の文章を書き、読むことも、一瞬にして一作品全体を書き切り、読み切ることも不可能なのだ。

といって、ぼくは、上で見たような実験的試みを全く無価値だと思っているのではないことも言っておかねばならない。今述べたことを十二分に意識した上で、しかもなお試みられるこの種の実験は、おのずからこれまでとはちがった次元で意義を持つことになるだろうからである。《線型順序》の呪縛をのがれようとする企てとしては、たしかにそれはついに無力であるであろう。だが、そのような試みを通して、ぼくたちは《書く》ということ、《読む》ということの《不可能性》にじかに触れることになる。いわば、このような試みは《不可能性》に、その片鱗を露呈させるための罠として、なお繰り返し企てられねばならないであろう。

それにしても——、以上の検討を通して、ぼくたちは、ほとんど素手のままで、ふたたび《有限の線型順序》の悪夢の前に引きもどされる。詩作品とは、ついに《はじまりあるもの》《終りあるもの》、そして《一方的順序において自らを提示するもの》なのであろうか。

そのとおりだ。少なくとも、「読む」という行為を「読者の視線の移動」という、外面的現象に局限して言う限りは。そして今やぼくは、形態面についてのみ言う場合、現在一般に行なわれている詩形（行かえの自由詩、散文詩を問わず）のエコノミーを理解できる。

しかし、ここで想起しなければならないのは、詩作品における《順序》《配列》の問題の検討は、以上でようやくその予備段階を終っただけで、本当の検討はここからはじまらねばならぬという点である。この項のはじめにまず宣言したように、この問題は単なる形態の次元の問題ではない。詩作品が、形態的にはどうあがいても《はじまりあるもの》《終りあるもの》《順序あるもの》であることを確認した上で、次の次元へ移して、それが《はじめなきもの、尽きざるもの》の超時間的な座となり得るためには、いかなる《構成》を選びとっていかねばならないかを考えねばならない。すでに外形上の《線型順序系》を原則的に受け入れる決意を固めた以上は、先にちょっと触れた《記憶》の問題や項で列挙した諸点も、この検討に必要な手がかりを提供してくれると思う。《印象の持続》の問題が、今一度積極的意図のもとに点検されねばならないだろうし、前

註　詩作品がかならず二個以上の要素を要求するかどうかは、じつは大きな問題である。一個の《言葉関係》で成立している作品はあり得ないだろうか。あり得ないことはないと思う。たとえば作品の「題」の働きを考えに入れる必要がある。

8

基本的な諸問題についての雑然たるメモと、そのまとめ（つづき）

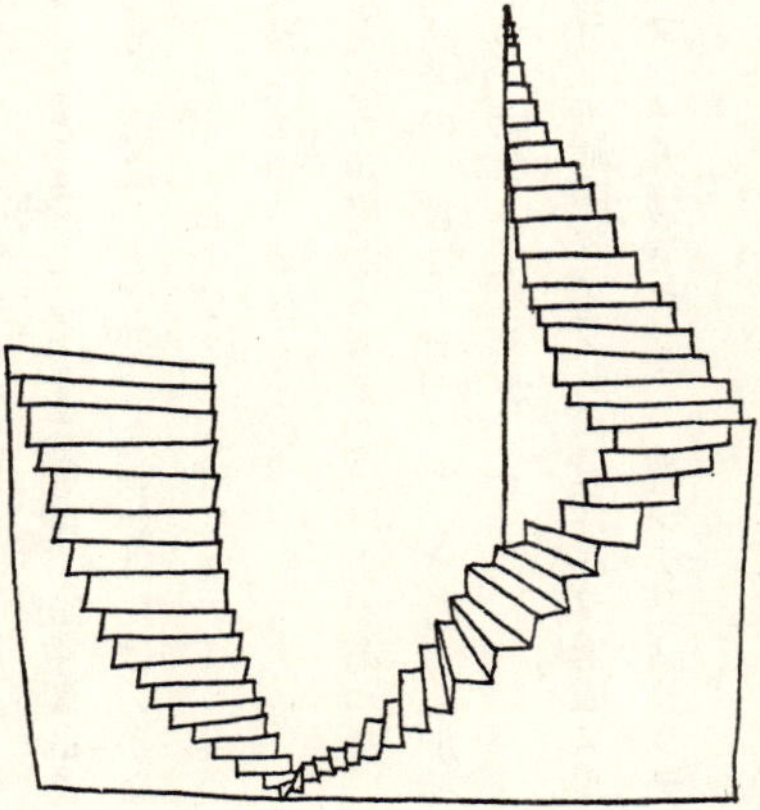

J《発話者》に一貫性をもたせることの得失

すでにいくつかの検討をとおして、さまざまな夢が芽ぶきはじめ、先がいそがれるところであるが、ここはなおしばらくがまんして、話をふたたび前々回（第六回）のGの項へもどさねばならない。

G項では、「《作者と発話者はイコールで結べない》以上、作者は必然的に、⑴イコールでないことを匿そうとする態度、⑵イコールでないことを発《あば》こうとする態度、⑶中間的あるいは折衷的態度、の三者のうちのどれかを、自分の態度として選ばないわけにはいかない」という点をまず確認した。そして、つづいて、上記⑴および⑵の態度において、発話者が一貫して同一人である場合に生じかねない限界性について言及した。

ところで上記⑴⑵⑶は、詩の作者の態度・方針という角度から考えた分け方であった。これを今度は読者の側から見、さらにそこに《発話者の一貫性の有無》という特質を加味して、整理してみれば、たとえば次のようになるのではないだろうか。

①—(イ) スベテノ要素（作者アルイハ読者ニヨッテ順序ヅケラレテ詩作品ヲ構成スル《言葉関係》ノオノオノ）ガ、イカニモ作者ラシイ人物ニヨッテ一貫シテ発話サレテイル（ト見エル——以下同様）作品

①—(ロ)　スベテノ要素ガ、イカニモ作者ラシクナイ一人物ニヨリ一貫シテ発話サレテイル作品

②—(イ)　イカニモ作者ラシイ人物ト、イカニモ作者ラシクナイ人物（タチ）トニヨリ、コモゴモ発話サレテイル作品

②—(ロ)　イカニモ作者ラシクナイ人物タチニヨリ、コモゴモ発話サレテイル作品

③—(イ)　各要素ニオケル作者ト発話者ノ関係ガスベテ曖昧ナ作品

③—(ロ)　作者ト発話者ノ関係ガ曖昧ナ、イクツカノ要素ヲ含ム作品

このような分け方をする場合にも、すでにG項で問題にしたように、「読者が作者に関して持っている知識」の多少といったことが問題となるだろう。ということは、「イカニモ作者ラシイ」と「イカニモ作者ラシクナイ」とは、読者の側のありようによって、かなり流動的であるということであって、作者の側の方法意識としては明確な差があるとしても、読者一般の側からすれば、この両者の間には必ずしも絶対的な断絶がないかもしれないのである。ところが、ここで、なおも「イカニモ作者ラシイ」と「イカニモ作者ラシクナイ」との区別が一応にもせよとり上げられざるを得ないのは、それは、一般的に詩の読者の側に（そして、しばしば作者の側にも）、事実として存在する一つの根強い慣習的な偏見（作品を作者の告白として読もうとする錯誤）のせいであって、錯覚・偏見とはいえ、

現にそのような傾向が広汎にあるというのが事実であるからには、作者は、意識の度合はさまざまだとしても、この傾向の影響をとかく受けてしまう。してみれば、作者はむしろ、この傾向を無視するよりも、それに対する《自分の戦略》を検討し、選択しなければならない。そして、その《戦略》の得失は冷静に量られねばならないだろう。ここで、G項におけるる検討のあとをうけて、上記①―(イ)(ロ)の特色、つまり《発話者の一貫性》のプラスとマイナスを云々するのも、つまりはこの《政策》の次元のことであって、それ以上ではないのだ。もっとも、このような検討のあいだにも、本質的なものの手がかりがみつかるかも知れないという期待はもちろんある。

《発話者の一貫性》の利点は、主として、上述の《読者の慣習的》傾向から発する。作品を作者の信条告白であると見ようとするとき、話者が一貫して同一人として提示され、しかも、それが作者の伝記的・具体的事実や信条などと正反いずれにもせよ関係のふかいような人物であるのはきわめて望ましいことだろう。だから、この利点は、特に①―(イ)においてもっとも顕著で、ついで①―(ロ)ということになる。ただし、この①―(ロ)については、発話者の状況が現実的であるか非現実的であるかで、質的な差があり、以上の見方からだけでは、状況が現実的である方が有利であるかに見えるのだけれども、ここで今一つ次のような点も考え合せれば、一長一短というべきかもしれない。

それは、読者にはまた一般に、詩作品の話者に自己を同化させ（感情移入という言葉を使ってもよいだろう）ようとする傾向があり、その方向としては共感・反撥の二方向が考えられるが、いずれにせよ、その難易（自己を話者と同質の場に仮定することの難易）によって、作品を云々する傾向がある、という点である。つまり、かなり多くの読者が、《作者は話者に自らの感情を託する。一方読者は、話者に対して自己を同化しようとする。そこで作者と読者は、作品を中継点として、太いパイプでつながれている》という図式を、意識・無意識のうちに受け入れているのだ。ところで、この図式を考慮に入れるとすれば、上記の①②③という区分において、《作者》という言葉をすべて《読者》と置きかえて、さらにこれについても検討する必要が生ずるはずである。そして、この場合には、①—(ロ)について、状況が現実的であるときよりも、非現実的であるときのほうが、読者はより安心して自らを発話者に託そうとするのではないだろうか。

以上は①の方法、つまり《話者に一貫性ある場合》におけるプラス面の点検であった。プラス面といっても、そこに《戦略としての》という限定がつくのは言うまでもない。さて、マイナス面はといえば、そこに考えられるいくつかの制約（あるいはその可能性）については、すでにG項の後半で一応指摘したので、ここではくり返さない。一言でこれまでのところを要約すれば、この方法は、比較的容易に、読者の「話者に対する共感や反撥」を「作品への共感」にすりかえることのできるものではあるが、「話者への共感や反撥をパイプにして作者と読者とが交流できる」ということ自体が、結局は錯覚である以上は、その錯覚をさまざまな手管であふり立て、強化し、活用し、とにかく常に励起しておかなければ、それにかくれて、そこにたくわえ得る電圧はかなり低いところで頭うちになってしまうだろう。

次に②の方法だが、話者の一貫性をはっきり拒否するこの方法においては、①の方法のプラス面、マイナス面が、そのままマイナス面、プラス面に逆転するとは言えないだろうか。

②—(イ)および(ロ)は、要するに複数の発話者をもつ作品だが、発話者が一人でないという、まさにこの点において、先に見た読者の一般的傾向——共感のパイプの図式——が、もはやそのままでは適用され得ないということになるのである。②の作品は具体的には対話詩、会話詩、劇詩などにその端的なあらわれがあるのだが、このような作品の場合、直線的な共感の図式を素朴に信じているような読者は、はたしてどの発話者に感情を移入していいかに迷い、そのあげくに、発話者と異なる《作者》の存在に思いいたるだろう。あるいは、すべての発話者に、作者の自我が分けられているのだ、とか、作者の矛盾する意識の定着だ、とかいった説明が、急場を救うために持ち出されるかもしれない。

②―(イ)のように、作者とおぼしき人物が一役買っているときならまだしもだが、その場合でも、その他の発話者の発言を書いたのもやはり作者なのだということに、おそかれ早かれ、気がつくはずである。そして当然、②―(ロ)においては、その感はいっそう強まるはずだ。

こうして、②の方法は、直線的共感の図式の呪縛から、読者をいやおうなしにつれ出すものであり、また、無意識のうちにともすればその呪縛にとらえられがちな作者にとっても、衛生学という意味ででも、時に試みてみるべき方法だとぼくは思う。エリオットにおける詩劇の試みにも、そのような一面が絶対にないとはいえないと思う。

右のような利点を有することにおいて、試みるべき方法ではありながら、そのこと故にこれがはなはだ難しい方法であることも事実である。発話者を一貫して同一人として提示することから生ずる、さまざまな不自由な制約からは解放され、はるかに自由な実験ができるはずでありながら、この方法を用いて十全な成功をおさめた作品は意外に数少ない。

それはおそらく、次のような事情によるものではなかろうか。

一篇の詩作品が一個の統一ある世界であるというならば、そこには何らかの局面で一貫するものがどうしても欠かせないところだろう。ところで、《発話者の一貫性》は、詩作品の統一性を保証する上で、もっとも早道であると共に、きわめて有力で、それ故にこそもっとも普通に用いられるものではないのか。そうだとすれば、それを捨て去ったときには、これに代るべき一貫するものが必要になる。

ここで比較的容易に思いつくのは、《場の一貫性》あるいは《事件の一貫性》といったものだ。《複数の発話者》ということから自然に心に浮かんで来るのは、会話であり、劇である。先にも述べたように、この方法の具体的なあらわれとして、対話詩、会話詩、劇詩等があるのは、つまりは、ここのところのことなのだが、これらがなかなか成功し難いのは、これらが、その統一性の保証として、《場（空間的・時間的）の一貫性》もしくは《事件の一貫性》を採用している点に、原因の一半があるのではないだろうか。つまり、対話詩、会話詩、劇詩といっても、それは日常の会話とは切り離された《詩》でなければならないというのに、単に形式上、似たところがあるだけの日常会話のもつ本質的な現実性、日常性が、中身をともすればむしばんでしまうのであり、また、いわば口実であったはずのしかじかの場、しかじかの事件をもつ具体的・個別的側面が大きくのさばって、《詩》にブレーキをかけてしまう、といったことが、こういう作品の場合には、しばしば起っているのではないだろうか。

とはいえ、こういうことは、②の方法に不可避的につきまとっている欠陥だとは、どうしても思えない。たしかに危険は数多く、また大きい。しかし、注意ぶかく、それらに気をくばり、それらをよけて通ることは、できない話ではないと思うのだ。

　といっても、これが非常にむつかしい、成功率の少ないという意味で不経済の方法であることは認めねばなるまい。この意味で、③の方法は、一見中途半端に見えながら、かえって、《より遠くまで行ける》方法であるかもしれない。

「作者と発話者の関係が全部または一部曖昧になっている作品」というと大げさだが、実はこれはあまり珍しいものではない。現在書かれている日本の詩では、これが一番多いかもしれない。このことは、現代の詩が、作者の方法的意識の有無にかかわらず、個人的な述志の詩でありにくくなったということの結果だと思うのだが、それはさておき、いくら数だけは多くても、作者と発話者の関係についての意識が稀薄なために生れている曖昧は、このさい問題外とせねばならない。意識的に選びとられた曖昧だけが、可能性の点検の対象となるだろう。《わざと曖昧にする》もしくは《わざと曖昧な要素を混ぜる》というこの方法は、①と②の方法の利点だけをわがものにしようという企てとして意義があるわけだが、この一見虫のよい願いは、意外な可能性をもっているかも知れないという気がする。

　問題は、やはり、意図された曖昧と意図せざる曖昧との間に、区別が立てにくいという点にあるだろう。また、意識的なものと思っているうちに無意識的なものにたちまち転落してしまう危険も、終始つきまとうにちがいない。

次回はこの問題をいま少し検討して、そのあと、この第三章の雑然たるメモのまとめにとりかかろうと思う。

9

基本的な諸問題についての雑然たるメモと、そのまとめ（つづき）

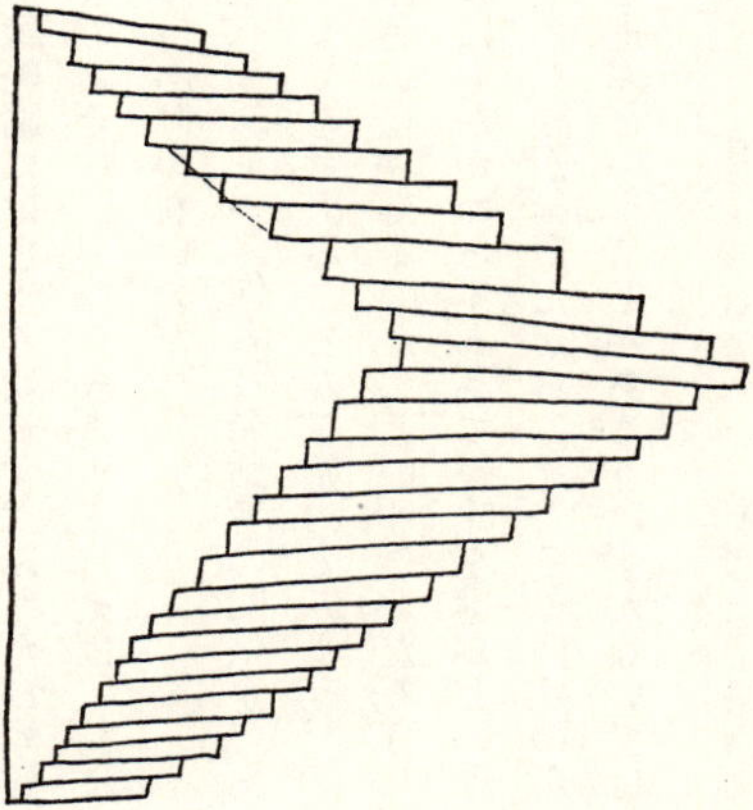

K《発話者》の曖昧さ

この項の議論も、前項をうけて、「作者と発話者とは、いかなる詩作品においても区別される」という点を自明のこととして踏まえた上での、《戦略》の次元の話であるべきだが、とは言うものの、検討をここまで進めて来て、しかも《曖昧》というふうな言葉が出て来るような段階となると、事は、やはり単なる戦略論には止まり切れず、ふたたび本質的な問題へと送り返されることになるかも知れない（それに、ひらき直って言えば、詩においては、戦略論と本質論とは、元々別のものではあり得ないのだ）。

だが、とりあえずのところは、前項での検討をひきつぎ、《作者と発話者の関係が、あえて（意識的に）曖昧になっている作品》の在りようを考えることから始めてみよう。

第一に問題となるのは、いったいそのような作品が在り得るのか、ということだろう。作者と発話者の関係に意識的であるかぎり、それにもかかわらずあえて曖昧を選ぶということには何の意味があるのか。その関係についての意識が稀薄だからこそ、その関係の不明確な作品ができるのであって、意識して曖昧を選ぶということがあろうはずがないではないか。こういう疑問がむらがり起って来る。

しかし、よく考えてみれば、このような疑問は比較的容易に解消すると思う。作者と発話者の関係についての作者の意識の明確さということと、作品において作者と発話者の関係が曖昧にされることとの間には、必然的な因果関係は存在しないのである。つまり、「作者の、この点についての意識が不明確であるために、作品における作者と発話者の関係が一元的に決定されてしまっている」ことがあり得ると同様に、「作者の、この点についての意識が不明確であるために、作品における作者と発話者の関係が曖昧になっている」ことが当然あり得るし、また一方で、「作者の、この点についての意識が明確であるために、作品においてこの関係が明確に設定される」こともあれば、「意識が明確であるために、作品における関係が曖昧にされている」場合だって当然考えてよいはずである。

戦略の問題として、「イカニモ作者ラシイ」発話者が設定されたり、「イカニモ作者ラシクナイ」発話者が登場したりすることがあり得るなら、作者との関係の曖昧な発話者（以下これを「曖昧な発話者」と呼ぶ）があえて設定される場合も同じように可能であろうではないか。

しかしながら、ここで第二の問題が起って来る。理屈の上では考えられるとしても、具体的には、その《曖昧な発話者》はどのような在りかたをとるのか。また、そのような発話者によって発せられる《言葉関係》は、どのような在りかたを見せるのか。

この疑問をさらに極端にし、また図式化してみると次のようになるだろう。一つの座標軸をとり、その正の方向を仮に、発話者が「イカニモ作者ラシイ」方向、したがって負の方向を、発話者が「イカニモ作者ラシクナイ」方向としよう。そうすると、一詩篇における（一ないし複数の）発話者は、作者の意図または読者の受けとりかたにしたがって、この線上にそれぞれ位置づけられるはずだが、この場合、今問題にしている《曖昧な発話者》はゼロの点を中心として、その近傍に位置づけられる（あるいはゼロの点を中心にしてたえず浮動している）ことになる。とすれば、《曖昧な発話者》について考えるためには、結局このゼロの点の性質が明らかにされる必要がある。このゼロ地点とは、はたしてどのような場であるのか。ロラン・バルトの言葉をかりていえば、これは《発話者の零度》であり、おそらくそのまま、《詩の零度》であると思われるのだが……。

このゼロの地点、そして、そこで成立する《零度の詩句》、その具体的な在りようということになると、正直のところ、ぼくにもそのイメージは必ずしもはっきりしてはいない。だが、おそらくは、という留保とともに言うのだが、このゼロ地点の詩は、少なくとも次のような、相異なる二つの方向でなら、その在りようを夢想できるのではないだろうか。

第一の方向は、発話者の視点を神の視点と同化させる行きかた。発話者は神のような超越的な場、非個人的な場から発言する——ということは、極度に非人称的（超客観的）な語りで作品が構成されるということであろうし、言いかえれば、発話者の存在が無辺大に拡散し、つまり虚無へ限りなく近づくということであるだろう。

第二の方向としては、発話者の《発話》そのものを破壊するという行き方が考えられる。これもまた発話者の《人格?》の空無化の一つの方法ということになるわけだが、具体的には、《発話》つまり言葉関係の日常的論理(の一部または全部)をとり去ることからはじまって、↓文法上の約束の破壊↓単語の破壊↓意味なき文字や記号や音の連鎖↓文字や音など一切の拒否、にまで至るさまざまな段階があり得よう(ここで、シュールレアリスムの《至高点》という考え方や、《自動筆記》の手法のこと、また、その先駆をなしたダダイスムの言語破壊の試みのことなどが、当然ながら連想される)。

この二つの方法は、上にも言ったように、発話者を神に近づけるという形でか、あるいは発話そのものを破壊するという形でか、いずれにせよ、発話者を非在化することをめざす方法である。これを一般化して次のように言ってよいのではないか。この地点では《曖昧な発話者》の問題はそれをおしすすめれば《非在の発話者》の問題へとすり変ってしまう、と。

ところで、この二つの《発話者の非在化》の方法は、いずれも、それが実際に徹底して採用された場合には、必然的に限界に行きあたり、きわめて短い射程しか持ちえないのはその本質上明らかである。いや、そもそも、そのような作品は成立不可能な作品であろう。

《至高点》において持続する《言葉関係》というものをぼくたちはついに信じ得ないのだし、言語の破壊の極点が不立文字《ふりゅうもんじ》の不毛の世界（芸術としての）であることもぼくたちは知っている。

それにもかかわらず、ぼくがこれら二つの方向の試みにここで特にこだわるのは、先にも書いたように、これがおそらくは詩作品の《零度》としての在りようであり、ここを通過しないかぎり、《詩の構造》についてかれこれ言うことは全くむなしいと思うからに他ならない。早い話が、「詩ではなぜあんな変な言葉づかいがされるのですか」とか、「詩と小説は結局は何によって区別されるのですか」とかいった質問に正しく答えるためには、どうしてもこのゼロ地点から出発しなければならないと思う。現代詩がおしなべて難解である根本的な理由も、実はこの地点から発しているのだ。

作者が、その作品において、発話者を「イカニモ作者ラシク」設定しようと、「イカニモ作者ラシクナク」設定しようと、また、その他どんな手法や構造を採用しようと、それが、この《零度》を一度通過して、その体験の上に立って採用されているのでないならば、ぼくは信用できない気がする。また、この《零度》の地点で得られたものは、あらためて《作者》と《話者》の関係が設定される場合にも、そこに部分的に持ちこんで活用することができるはずだし、必要に応じて積極的になされなければならないと思う（その場合、

J項の③—(ロ)の形が実現するわけだ)。

だから、また、次のように言うこともできると思う。しかじかの詩作品の構造を云々する場合には、その作品では「作者と発話者とは別だ」という点がどのように処理されているか、また上に述べた《ゼロ地点》からの反照をどのような形で、どの程度に受けているか、が、諸要素の連鎖の在りかたの問題とともにもっとも重要なポイントになるだろう、と。

さて、ここまでのところは、問題はおおむね方法論、戦略論の次元で推移して来たわけである。この次元においては、《発話者の曖昧さ》は、そこに焦点がしぼられると結局《発話者の非在》へとすり変っていって、そこに《詩作品の零度》がかいま見られた。ところで、詩作品における作者と発話者の関係の《曖昧さ》という問題は、この項のはじめにも予想しておいたように、さらに一歩立ち入った次元で、あらたな観点から検討されねばならないと思われるのである。

と言っても、それは、これまでの検討の前提であった《詩作品においては、作者と発話者は常に別である》という命題を今一度俎上に載せて検討しなおそうということではなく、この命題と並べて《詩作品においては、作者と発話者は相互に曖昧に依存し合う》という命題を置き、こうすることによって、第一の命題をより強化しようということにつながっている。この二つの命題は、いわば一つの車の両輪、または一つの楯の両面であって、別のことを言っているのではないことを、あえて強調しておきたい。互いに別であるところの作者と発話者（読者と発話者の場合も同じ）は、別であることによって相互に依存しているのであり、しかも、その《依存関係》の本質的な在りかたが常に《曖昧》なのである。そして、言うなれば、ここにこそ一個の詩作品の栄光（そして悲惨）があり、先に見た《詩作品の零度》もここに、その根を持っているのだ（ちなみに、ここで曖昧と言っているのは、その在りようが《流動的》《複層的》《多価的》《矛盾的》で、しかもたえず浮動するので、明確に規定できないことを指している）。

右のことを、もう少し敷衍しておく。現象的には、ぼくたちの詩作品における発話者の処理は、すでに見たとおり、G項の(1)(2)(3)やJ項の①②③のような特定の在りよう（およびその混用）を示すのだが、そのような特定の在りようを示す（示さざるを得ない）ことの根底にずっしりと横たわっているのが、この《作者と話者の相互依存における本源的曖昧さ》なのだとぼくは考えている。どこまで比喩が有効かは判らないが、この曖昧さは、ぼくたちの意識とぼくたちの存在との関係の曖昧さに似かよっている。いや、単なる類似をこえて、ここにはさらに深いつながりがあるのだ、とこそ、言わねばならないのではないか。

つまり、ぼくの言いたいのは、詩作品における作者と発話者の関係の曖昧さは、ぼくたちの実存の本質的曖昧さと通底的だ、ということである。これはまた、精神と肉体との関係にある曖昧さとも似ていると言ってよいかも知れない。ただ、このような類比を重ねていくうちに、問題が通俗化されて、内容と形式の相関関係といったスタチックな次元に、すくい上げられてしまうことをぼくは恐れる。それに、精神は生涯一つの肉体に閉鎖されつつ、それをあやつって行かねばならぬ宿命を持つが、詩の作者は、一つの作品を書きはじめると同時に生れ、その作品が書き上げられると共に死ぬということをくり返していく存在である。それは、あえて言えば、肉体から肉体へと転生していく魂に、むしろいささか似ている。この場合、つぎつぎに脱ぎ捨てられる肉体、それが詩作品における発話者に当るのであるが、しかもなお、作者と発話者の本質的関係は、（どのような発話者が設定されるとしても）精神と肉体の関係以上に曖昧であり、それ故にまた、自由である、と言わねばならぬ。

これを逆に言えば、こうである。詩においては作者と発話者の関係が動脈硬化をおこし、常に一元的に固定されて、もはや何らの自由性、曖昧性の余地も認められなくなったとき、それは詩の死に他ならない。

作者と発話者の《相互依存》は、発話者が一応は特定の状況に措定されている場合でさえ、一足踏み入ってみれば、常に浮動し、逆転し、流通をくり返しているのがわかる、といった体のものなのである。そこでは、サルトルが幻想的な文学について述べた《肉体が精神の位置を占め、精神が肉体の位置を占める》といった事態がたえず生じ、変転をくり返しているのだ。

L 一つの遊び

一作品における作者と発話者の関係を考える上で、興味ぶかい一つの遊びを提唱しておこう。

作品の全体を引用符でくくる。この場合、作品が行わけの詩なら、行わけなしに書き直しておいた方が、より効果的だ。こうして、作品全体を引用符でくくった上で、そのあとにこう付け加える。

と、〇〇〇〇は言った。

この〇〇〇〇の中には、作者の姓名を入れるのである。その上で、もう一度はじめから読みなおして見るといい。たくさんの節からなる長い作品の場合には、各節毎にそれをやるといい。作品によっていろいろな差はあると思うが、いずれにせよ、何らかの面白い発見があるはずである。これは単に遊びとしても、ぼくにはけっこうたのしい遊びなのだが、読者も試みてみられてはいかが。

10

基本的な諸問題についての雑然たるメモと、そのまとめ（つづき）

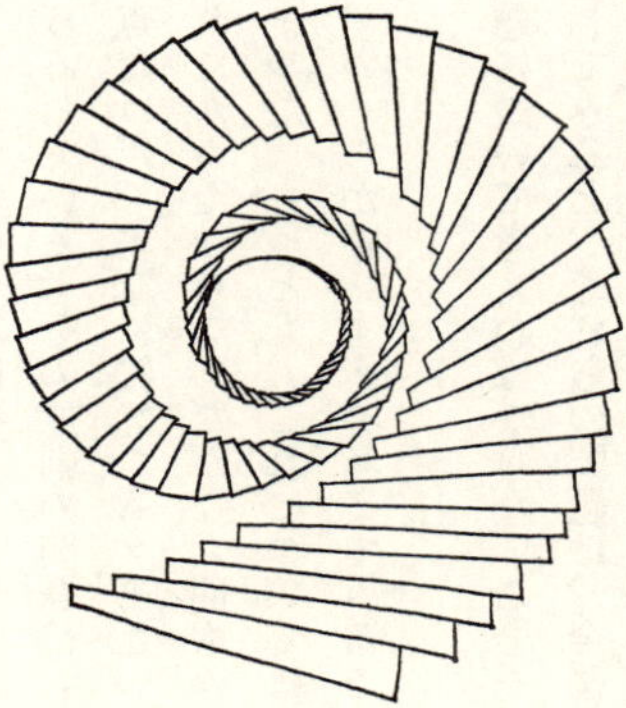

M この章のまとめ、そしてこの連載のまとめ

ぼくはこの連載の冒頭を「数回、できれば十回くらいにわたって、詩のことを書いてみよう」という言葉ではじめたのだが、早いもので、もう、その十回目が来てしまった。すでに九回も貴重な誌面を費したにしては、問題はますます底深く、いっぽうぼくの思考の足どりはきわめてのろくさとしているので、何ほどのことも言いえなかった。はじめの心づもりでは原則論は五回くらいで切りあげて、あとは、もっと具体的な問題をあつかうはずだったのだが、結局、原則論の次元でいまだにうろうろしている。その原則の問題にしてからが、あつかうことのできたのはごくかぎられた点だけだ。本章に雑然たるメモという題をつけたのも、もっとたくさんの問題に雑然と触れたかったからなのだが、六回もかけて、一、二、三の問題にのみかかずらうことになってしまった。もっとも、これについては、別に悔いてはいない。問題点がしぼられていただけに、いくらか腰をすえて考えてみることもできたわけだから。

いま、十回目に入って、なお具体的なさまざまな問題について考えねばならないことを数多く残しているのを感ずるのだけれど、また考え直してみると、それらの問題は、今後いろいろな折に個々にとり上げることもできるだろうし、何よりも実作を通して追求しな

ければならないことなのだ。しょせんは《百論は一作にしかず》ではないだろうか。

というわけで、予定した回数をいっぱいに使ったことでもあるし、今回、この第Ⅲ章のまとめでもって、ぼくの覚え書の筆を一応止めることにする。


第Ⅲ章であつかった問題点は要約すると次の三つの事柄だった。
①詩作品の構成の素材
②作者と発話者と読者の関係
③素材の構成のありよう
以下では、これらについて、簡単に復習しながら、かつ、これらの相互の関連を考えておかねばならない。

詩作品の構成の素材については、本章のはじめのA項B項C項で検討したが、その結論は、次のようなことであった。

詩作品について、往々考えられているような《語を素材として構成される客観的存在物》という見方は、必ずしも適切ではない。詩作品は「言葉関係」そのものを素材化し、その構成において成り立つものとして、いわば《関係の関係》である。したがって、詩行為とは、詩人とこの《関係の関係》との関係であり、また、《関係の関係》と読者との関係において成立する行為であることになる。

いっぽう、D項E項F項G項J項K項などを通して、主としてとり上げたのは、詩における作者と発話者との関係であった。そこで、明らかになったのは、いかなる作品でも作者と発話者は別だ、ということであり、その上に立って、作者（読者）と発話者との関係はどのように処理されるかが分析されたわけである。作者と発話者の関係についての処理のありようについては、発話者の非在化（それには、発話者を無辺大の超越者へ近づける方法と、《語り》そのものを破壊する方法と、二つの道が考えられた）を《零度の地点》とし、発話者と作者のちがいをあばく方向とかくす方向という二つの対立する方法が存在するわけだが、それぞれの《戦略的》得失を見て来た。また、前回のK項では、このような《戦略的次元》の深部にある基本的問題としての《作者（読者）と発話者の相互依存性》と、その本質としての《曖昧性》に辛うじて触れることができた。

ところで、作者（読者）と発話者との関係をこのように見て来たことと、その前に見た詩の素材の問題とは、ここに至って、もはや別別の問題ではあり得ないことは論をまたない。

詩行為における「詩人と《関係の関係》との関係」は、「作者と発話者の関係」と不可分であり、同様に、「《関係の関係》と読者との関係」は「発話者と読者の関係」に端的な断面を示すことになる。とすれば、以上を綜合して、「詩とは、語を素材とする芸術ではなく、言葉関係自体を、いや、言葉関係自体と作者（または読者）との関係そのものさえをも素材とするといった体の芸術行為である」というところまで論を進めることもできると思う。

ここまで来ると、「作者が作品を作り、読者がこれを読む」という、あまりにもあたりまえで疑問の余地などないと見える公式でさえ、詩の場合には（ある種の小説の場合もそうだと思うのだが、ここではそこまでは触れないことにする）、そう軽卒には信じられないことになる。

このように言うと、何かはなはだ奇矯なことを言っているように受けとられるかもしれないが、じつは、さして変ったことでもない当り前のことであるのは、次のような点を考え併せてみればお判りいただけると思う。新聞記事を記者が書き、読者がこれを読む。これはまさにその通りだろう。ところで詩作品を新聞記事を読むように読めるものであろうか。詩作品を読む場合、読者はいわば主体的に詩行為を演じなければならない。

今一つの例。詩が一般化しないことを嘆くことばとして、「詩の読者はみな詩人ばかりだ」とよく言われる。現象に対する嘆きとして、いや、むしろ揶揄として言われるこの言葉は、しかしよく考えてみると、事の現象的真実よりも、それ以上に本質的な真実を言いあてている言葉ではないだろうか。詩作品に対して読者の行なう行為は、内容に相違はあるとしても、作者の行為と質的には等価あるいはそれ以上の行為だとぼくは考える。

以上のようなことからも、先のような見解が決して奇矯なものではなく、意識化はされていなくても、詩にかかわりを持つものならだれしもうすうすは感じ、またそのように振舞っていることだと納得されよう。いまは読者のことを特に問題にしたが、作者の側にも同じようなことがあるのは言うまでもないことで、作詩行為は同時に、作者の中の読者と道づれでなされることに他ならない。これはいわゆる「読者を意識して書く」という浅薄な次元に止まることではないのはもちろんであって、ずっと以前にぼくの使った言い方をもう一度ほこりをはらって使わせていただくなら、「詩人は、降霊の儀式としての詩作を進めながら、その詩作の刻一刻に、同時に一個の読者として立ち合うという態度を要求される。演じられる祭典そのものであると共に、その観客でなければならぬ。ここに詩人の二重性、いいかえれば、《詐欺》的な一面がある。この《詐欺》という呼び名にへきえきするなら、詩をやめるほかあるまい」というわけである。

ところで、今の引用の中で、ぼくは、詩を《降霊の儀式》や《祭典》にたとえていたわけだが、このたとえは、周知のとおり、なにも、ぼくの創案などではない。古来しばしば用いられているたとえを利用させてもらっただけだが、今、あらためて考えて見ても、このたとえは、じつに具合のよいたとえだと思う。その、何やら神秘主義めいたところは、どうも気になるけれど、たとえとしては、ここで云々している問題についても、非常によく適合するのである。どうも、この古色蒼然としたところや、新興宗教めいた泥くささが気になるということなら、まあ多少当世風にセレモニーとかオペレーションとかエヴェントとかいった言葉でおきかえてもよいのだが、なにも強いて片カナにすることもなかろう。この祭儀のたとえは、詩の構成の素材の問題や作者や読者のありようの問題に大変うまく適合するのは今もいったとおりだが、この覚え書の第Ⅲ章であつかった今一つの問題である素材の構成のありよう、その配列や順序の問題にも援用が可能である。事物や人間が、その日常的なコンテクストから切りはなされ、あらためて厳密な規則と順序と配列において再構成されるときに、そこに祭儀が実現する次第は、詩における個々の言葉関係の《聖化》と再構成、そして、そこへの作者および読者の参与の仕方と、パターンとしてはなはだ似通ったものがある。ただ、かなりはっきりと違うのは、祭儀の次第や手続きはすでに一度定まると、その定式が墨守されるのに対して、詩の場合は、一作品の成立の度毎にあらためて創出され、選択され、決定されるという点だ。だが、この点も、絶対的な相違として言い立てることができるほどのものとも思えない。祭儀にもさまざまな祭儀があり、土地のちがいや時代のちがいによって、ゆるやかにではあれ変化しているのであって、いっぽう詩のほうにも、厳格なものではないにせよ、本章のH項で列挙したようないくつかの形式が存在し、また、時代によって流行する、形式上のパターンも存在する(これはすでにどこかで言ったことだが、ぼくの考えでは、日本の現代詩は、今や、あまりにも数少ないパターンの上でおし合いへし合いしていると思う。文語が全く廃語と化し、利用可能な文体がきわめて限られているということともこれは関係があるだろうが、それだけとも思えない。詩人は流行にのみあまりにも敏感なのだろうか。いわゆる大衆社会現象と、これはやはり関係があることなのか)。

劇場、そうだ、劇場というものがあった。これもまた、詩のありようについての一つのたとえとして援用できるだろう。舞台と客席の相互関係、演ずる者と演じられる役との間の不条理な関係(そして、思えば、劇の起源もまた祭儀にあるというのが定説のようだ)。

この連載の第一回に引用したボヌフォワの言葉にもこうあった。「詩は、なによりもまず、絶えざる戦いであれ、存在と本質とが、フォルムとフォルムをもたないものとがきびしく闘われる劇場たれ、とわたしは願う。」ボヌフォワが戦場とか闘技場とかいった言葉を用いずに、劇場という言葉を用いたことには、やはりそれなりの意味があるのである(なお、ここでカミュが「シジフォスの神話」でとりあげた《不条理の人間、反逆的人間としての俳優》のあり方と、詩人のあり方とを比較してみる必要があると思う)。

けれども、たとえのことはこれぐらいにして、順序の問題のまとめをしておこう。本章のH項I項でこの問題をあつかって、詩作品が、結局は《一方的進行》《線型順序》という呪縛から形式上は身をふりもぎることができないのを見た。そして、《はじまりあるもの》《終りあるもの》としての詩作品が、《はじめなきもの》《尽きざるもの》の座となるためには、いかなる方法が考えられねばならないか、という問題提起をし、とりあえず《記憶》や《印象の持続》をその手がかりとして挙げるに止めたのだが、この問題の追求は、単なる外形上、形式上のこととして考えるかぎり、先は見えている。これもまた、先の二つの根本問題と一つに結んで考えるべきであって、そうでなければ解明は不可能であろう。《順序》の問題は、作者（読者）と発話者との本源的な断絶を、意識的にかくす方向へ作品を導くか、あばく方向へ向うかによって、そのありようは根本から違って来るだろうし、また、日常的素材の《聖化》という点では、《順序》はじつに重要な役割を演ずることになる。このような諸点との関連において、あらためて、先にH項で列挙しておいた三十ばかりの事項の一つ一つを念入りに点検するときは、少なからぬ実りがあるだろうことをぼくは信じているし、これから、それをぼつぼつやっていこうと思う。もっとも、ここまで来ると、実作をともなわない理屈だけの模索の空しさが、はっきりと姿をあらわすにちがいない。このような方法的点検は、同時に実作（あるいはその評釈）を通してなされるのでなければ、まず何の意味もないことになってしまうのだから。

紙数もついに尽きたようだ。最後に、ぼくの模索——ぐるぐるまわりの、いささか滑稽な模索につき合って下さった読者と、終始はげまして下さった何人かの方々に、心からのお礼を申し上げる。

11

補遺1——(1)偽の時間・偽の鏡
(2)時間の虐殺・時間の復活

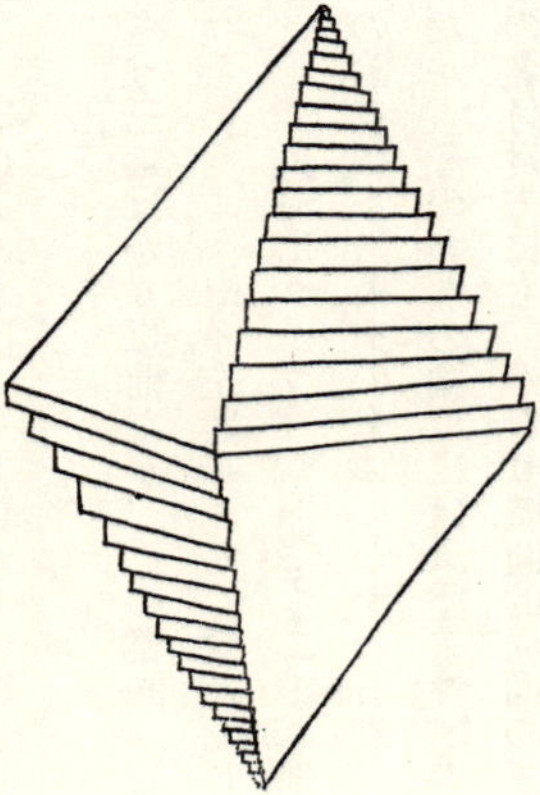

補遺1 (1)——偽の時間・偽の鏡

ものの本によると、古代ギリシア人にとっての時間は《円環的》《回帰的》であるのに対して、古代ヘブライ人のそれは《直線的》《一方進行的》であるという。そして、もしこの両者の考え方を綜合するならば、そこには《螺旋的》とでも言える時間モデルが想定できるという。ここで、このような時間観の図式化の当否をあげつらうつもりはないが、詩作品の在りようについてあれこれ考えてみる上で、右のような図式も、何がしかの手がかりになり得ようと思う。

それからまた次のようなことが思い合される。もう三年ばかり以前だが、この雑誌「現代詩手帖」で、中江俊夫氏の「詩作品の意識構造」というエッセイを興味ぶかく読んだ覚えがある。そこでは詩作品の意識構造の三つの型として《河川タイプ》《円環タイプ》《地球タイプ》が挙げられ、解説されていた。中江氏の論点は意識構造の全体にかかわる雄大なものであって、単に時間のみに局限されないのだが、その弁別の論理には《歴史性》の観念が導入されており、上のような三つのタイプの名付け方にも、かなり時間的局面の意識が反映しているといってよいだろう。なおついでながら一言すると、中江氏が「詩作品の意識構造」という一寸奇妙な言い方をして、より普通な言い方と思われる「作者の意識構造」とか「詩作品における詩人の意識構造」とかいった言葉を用いていないことにも、興味をそそられた。「作品の意識構造」というのは、言葉として熟していないと思われるにもかかわらず、「作者の」とか「詩人の」とか言うより、何かしらこの場合にふさわしいという感じがするというのはなぜか。実のところ中江氏はそのエッセイの中では、「作品の意識構造」と「しかじかの作品における作者の意識構造」ということをほぼ同質のものとして混用しているのだが、エッセイの題として「詩作品の意識構造」の方を選んだことには、単なる語呂の問題に止まらない深い意味があったのではないか。

ギリシア人やヘブライ人のことを言い、中江氏のエッセイのことを持ち出したのはほかでもない。このあたりで、詩における時間の問題について、いくらかでも考えておきたいと思っているからだ。去年、「詩の構造についての覚え書」というのをこの雑誌に書いて、主として詩の作者や読者と作中の発話者との関係などのことを考えてみたのだったが、十回の連載のあいだにこの時間の問題を正面切ってとり上げたことがなかったので、それで、ということもある。

その上、次のこともある。岡田隆彦氏が今年のはじめ、《擬物語詩》についてぼくの意見にふれて不満を表明し、そこには詩の根源的なダイナミックな運動についての顧慮が欠けていると述べた。ことがダイナミックな運動にかかわる以上、そこは当然のこととして時間の要素が介入せざるを得ない。この岡田氏の不満に対する反論というより釈明はすでに別なところに書いたので、ここでは直接には述べない。しかし、より一般化して、詩におけるあるいは詩作品における時間の問題にここらで光をあててみるのは無益ではないだろう。

ところで、詩あるいは詩作品における時間を問題としてとり上げようとする場合、そこには幾重にも積み重なった論議の地盤があるであろうことに、たちまち気付かないわけにはいかない。去年の「覚え書」の連載の間に少しずつたしかめたように、詩が《「関係の関係」との関係》といった諸関係の多重構造において成り立つものであってみれば、詩における時間は、その重層し包み包まれ合う諸関係の各々において、それぞれの点検を要求すると言えるのではないか。早い話が、作者の時間、読者の時間、作者の作品に対する発話者に対する時間、それからまた、読者の時間、読者の作品に対するあるいは発話者に対する時間、等々と次々に挙げていくことができる。

だがここで、これらの一つ一つについて点検して行くことが必要であろうか。それらの点検は、もちろんそれなりの意義はあるだろうが、いたずらに煩瑣な分析を積み重ねることになり問題の核心をかえって不明確にしてしまう危険も感じられる。ここでは問題がもっとも濃密に、そして端的に露出していると思われる《作中世界の時間》に基点を置いてそこを軸にして考察を進めてみてはと思う。

けれども、《作中世界の時間》と口にした途端に、すでに疑問がわき起って来る。いったい《作中世界》というものがあるのか。かりにそれがあるとしても、そこに時間が考え得るのか。《作中世界》などというものは現実世界が在るようにはあり得ない。それはイマジネールなものであるから。つまりそれはあるとしても《非現実なもの》としてあるのであって、ぼくたちの意識と非現実的関係を持つものとしてあるのだと言わねばならない。では、そのような《非現実的なもの》にも時間があるのか。サルトルの分析をまつまでもなく、そこには時間はない。しかし、実際にはその中にしかじかの事件が書き込まれ、事柄の推移がつづられている作品がある。そのような作品はたしかにある。けれどもそこにある時間は本当に時間なのか。事件の推移や展開が図柄になっている作品においても、そうであるからといって、その作品に時間があると言ってよいか。芸術作品とは、いかなるものであれ時間の外にあるもの、もしこういう言い方が耳なれているというなら、時間に対して垂直に立つものなのではないのか。

一歩足を踏み出した途端にむらがり起って来たこれらの疑問に何とかけじめをつけ、道をみつけるために、その有無はしばらくカッコに入れて何はともあれ作中世界の時間というものを仮定してみよう。すると直ちに気が付くことは、作中世界とは発話者（複数のこともあり得る）の世界であり、作中世界の時間とは発話者にとっての時間だということだ。そしてこの場合、発話者の時間は、発話者にとっての状況の変化、発話者自身の態度や体験や語りくちの変転、によって具体化されている。では、発話者とは何か、それは存在するのか。

この最後の問いに対しては、すでに昨年来見て来た次の諸点を今一度確認することで一応の答えとしたい。

(1) いかなる詩作品においても作者と発話者は別であり、発話者は作者の実存の豊かさを持ち得ない。

(2) 詩作品において、作者と発話者は非現実的関係を保ちつつ、相互に曖昧に（流動的・複層的・多価的・矛盾的に）依存し合う。

(3) 詩行為における「詩人と《関係の関係》との関係」は「作者と発話者との関係」と不可分であり、同様に「《関係の関係》と読者との関係」は「発話者と読者との関係」に端的な断面を示すことになる。

(4) 詩とは、語を素材とする芸術ではなく、言葉関係自体を、いや「言葉関係自体と作者（または読者）との関係」そのものをさえも素材とするといった体の芸術行為である。

先頃ぼくは、岡田隆彦氏への反論もしくは釈明の文章の末尾で、かねてからかかずらっている物語性のある詩——いわゆる擬物語詩について、おおよそ次のようなことを記した。「擬物語詩は、時間の亡霊（偽の時間——物と化した時間）と話者の亡霊（偽の話者——物と化した話者）という二重の亡霊によって維持されている事件の亡霊であると措定できると思うのだが、これは、本来的には無時間（あるいは超時間もしくは全時間）的であり非個性（あるいは超個性もしくは汎個性）的であるであろう《詩のるつぼ》が、直接的には接近不可能であるとき、あたかもペルセウスがゴルゴン三姉妹に近づく際に使った磨き上げられた盾のように、それに映して後ずさりににじり寄っていく鏡の役割にかなり良く耐えてくれそうに思われる。」（「あもるふ」30号）

ここでぼくは擬物語詩について語ったつもりだったが、今考えて見ると、詩作品一般における作者と話者の関係について、ここまで追いつめて来た以上、このような見方は、ごくわずかに拡張もしくは手直しすれば、擬物語詩に限らぬ詩作品一般にまであてはめても、なお有効性を失わない見方だと言ってもよいのではないかという気がして来る。

先頃挙げた話者に関する四項目について、もし大方の了解が得られるとするならば、今の擬物語詩についての言説を、次のように書き直してみてはどうだろうか。「詩作品は無時間の亡霊（偽の無時間――物と化した無時間）と無話者の亡霊（偽の無話者――物と化した無話者）という二重の亡霊によって維持されている無事件の亡霊であると措定できる。」

なにか言葉の遊びのようにも見えて恐縮だが、《無時間の亡霊》とは、結局は、作品の中にかりそめに導入されている時間性のことであり、《無話者の亡霊》というのは同様に作品にかりそめに付与されている話者のことであると理解していただけば、このような言い草もあながち荒唐無稽な言葉の遊びではないことがお判りいただけるのではあるまいか。かりそめの時間性、かりそめの話者という言い方をしたが、かりそめだからどうでもよいものだと言うのではない。それによって詩作品は維持され、存在し得るわけである。要するに、この《詩作品の措定》と先の《擬物語詩の措定》とは、座標の原点のとり方が逆であるだけで、いわばほぼ同じことを言っているにすぎない。ただ、擬物語詩は、その本質上、時間および話者（亡霊であるにもせよ）の相対的一貫性をはじめから条件づけられているので、元の定義の方がより適切と感じられるだけのことだ。

さて、上のように定義される《詩作品》については、先に擬物語詩について述べた役割――つまり「本来的には無時間・無個性的であるであろう《詩のるつぼ》に接近するためのペルセウスの盾」としての役割——が、やはり当然期待されるわけだが、しかしここで、今一つこの役割の問題をつきつめて見ると、次のようなことが考えられて来る。この幻影の盾は、幻影・亡霊としての本質上、無に他ならぬ《詩のるつぼ》への接近の手段として使われ得るだけではなく、現実への接近のための手段ともなり得るものではないのか。亡霊が生と死の境を往来するように、亡霊としての鏡（鏡である亡霊）は無と有との中間で転々と位置を変える。

今のことからも、二つばかりの思念が導き出されて来る。その一つ。詩作品が有と無との間を転々とする（できる）のは、それが無の亡霊、有の亡霊であるからだ、という点を今見たばかりだが、そこに詩作品の光栄と悲惨を云々することも可能だろう。この場合、光栄はその自由さの故、そして悲惨はついに真の有でも真の無でもあり得ぬという不自由さの故である。「意識の《対物質の状態》そのもの、詩の生成の《現場》そのもの、のエネルギー」を発生期の生々しさ粗々しさのままに作品に凝結しようとして苦闘している若い詩人たちをぼくは知っている。詩を無においてあらしめようとして中道にたおれた詩人たちのことをぼくは知っている。その二つ。「詩作品」イコール「亡霊である鏡」という図式は、今まで見て来た「作品世界の時間」とはまた違った新しい時間の可能性をかいまみせてくれる。作品が有と無との間で転々とすること、まさにそのことにまつわる時間。

そして恐らくは、詩がダイナミックであり得るのは、この新しい時間との関係においてなのだ。次々とこわれて行く図柄を図柄とする作品の可能性。作品にやぶれ目ができ、作品内の時間が作品外の時間とショートして火花を上げるそのような作品をぼくは想い描こうと努める。だが、それは、差し当ってはまだ、見えて来ない。たとえば、言葉の異常な結合や、文章法の破壊に終始した作品には、たしかにある種の感覚的興奮やより深い戦慄を覚えることがあるのだけれど、その有効距離《ポルテ》は案外に短く、人は容易にその刺激になれてしまうものだということをぼくたちは知っている。いわゆるハップニングや自動筆記もそれ自体に内包する矛盾の故に、ほんの一時的な有効性しか保ち得ない。

またぼくたちは、自他の意気ごみだけの冒険主義には、何度となくだまされて来た。「詩は感受性の冒険である」と言い、「詩は言葉による虚無への時々刻々の賭けである」と言う。これらの言葉はまちがっていないだろう。だが、これらの名文句が意味するところを、「作詩（読詩）においては、語から語へと進んでいく一刻一刻が冒険であり、賭けであり、それが詩のすべてだ」ということだけに限ってしまうとしたら、それはこの命題をたとえば「詩は真剣勝負だ」とか「詩は人生の謎解きだ」とかいった、きわめて通俗的で、どうにでも共感できる詩談義の次元にくぎづけにして、より深く穿入していく力をはじめからそいでしまうことになりかねない。

ところで、この辺で冒頭にもどって、ギリシア人やヘブライ人の時間意識のパターンや、中江俊夫氏の提唱した詩作品の意識構造の三つのタイプなどのことを考えてみるのは悪くないと思う。詩作品における時間の問題を上のように大ざっぱに見て来たあとで、それを考えるとなると、それらのパターンやタイプは、どうしても二つの局面において別々に検討することになろう。これらはいずれも意識構造として問題になっているのだから、それを詩作品とからめる場合、まず第一に発話者の意識構造に考えられるパターンやタイプとして扱われねばなるまい。中江氏が「作者の」とか「詩人の」とかという言葉を用いないで、「詩作品の意識構造」という言葉をエッセイの題に選んだことについては、やはりこの点についての意識が（必ずしも明確なものではなかったかもしれないが）働いていたのだと思う。時間意識の様々なタイプを、作品に取り入れるということは一つには発話者の仮定された意識にそれを取り入れることになろうし、次には発話者の状況にそれを応用して、それが図式的であること故の不自然さをかえって強調するといったことも考えられる。

第二に、《円環性》とか、《直線性》とかいった観念は、素材の構成・配置といった普通には形式的と呼ばれるような局面にかぎっても重要な意味を持っている。もっとも現象的な面で言えば、去年書いた「覚え書」第Ⅲ章のHおよびIの項で触れた《順序》の問題に、それらはかかわっている。詩作品の外形上の制約である《やせた有限の線型順序》の呪縛の上に、どうやって多様で豊饒な時間性を盛りつけるか、そこのところにかかわっているのである。そこに考えられる一、二の方法、そしてその可能性については、いずれ稿をあらためて検討することにしよう。

補遺1　(2)——時間の虐殺・時間の復活

詩の構造に関してすでに十回の覚え書を書きつづり、更にまた、その補遺と称して貴重な紙面を費している今に至っても、ぼくはなお「詩作品における時間の問題」については、充分な統一性のある意見を持ちかねている。

以下に述べるいくつかの事項も、おそらくこの問題に関連があるであろうと思われる二三の点の、順序不同の、そして紙幅の許すかぎりでの、列挙にすぎない。問題の次元もさまざまに異なり、重要度の大小も必ずしも明確ではなく、見当違いの模索もまぎれ込んでいるにちがいないこれらを、選別し、統一ある論理の中に位置づけ、組織していくこと、それは読者諸賢の好意的な御協力を期待するほかないのである。

季節のめぐり、自然界の循環　詩作品における構造の一つとしての《循環構造》について思いめぐらすとき、ぼくは、世界の各地の神話にしばしば見出される「神の死と復活」のテーマのこと、そしてそれによって説明される「季節のめぐり」のことを考えずにはいられない。たとえば、エジプト神話におけるオシリスの死と復活。フレーザーの「金枝」その他で周知のとおり、大地と農耕の神オシリスは弟のセトによってあざむかれ殺され、死体はさらに十四の断片に切りきざまれて諸方にばらまかれた。それらの断片を、オシリスの妹にして妻のイシスは苦労の末とりあつめ、アビヌス神の力を借りて再びこれをよみがえらせる。この一部始終を象徴的に再現しているのが古代エジプトで行なわれていたオシリスとイシスの祭儀であり、それはまたギリシアのエレシウス教のデメーテル崇拝の密儀とも通うものであるだけでなく、世界中の農耕国で、ほぼ同質の神話や儀典が行なわれている。日本の神話においても、「天の岩戸」の物語にこのような性質の潜在を見ることができるはずだ。そして、世界の神話学者や民俗学者は、一致して、これが季節のめぐりと収穫の祭りに関連していることを認めている。

ところで、ぼくたちの外界にあって循環をくり返しているもの、それは何も季節ばかりではなく、月の満ち欠けや、昼と夜のめぐりや、潮の干満など、いくつも見出すことができる。それらはいずれも人間の生活に深くかかわり、それぞれのリズムを生活の上に刻みつけている。

作品の、いわゆる《循環構造》が、その成立の根源で、上のような自然界の循環性と関連を持っている、といってしまうのはあまりに性急にすぎるかも知れない。しかし、作品のさまざまな構成法の中でも、この《循環構造》（およびそのヴァリエーションで恐らくはあるであろう「繰り返し」の手法）が、ひときわ特権的な地位を占めているような感じがするとして、その理由を求めるならば、結局はそこにまで話を持っていかねばならなくなるような気がする。

循環構造のありよう　一くちに《循環構造》あるいは《円環構造》と言うが、何が、どのように循環するのかを整理してみようとすると、問題はそう簡単ではないことに気付く。これを仮に、「作品の末尾が、再びその作品の冒頭に接続するような構成」とか「作品の終りで、読者の注意が作品の始まりへと送り返される態の作品」とか言って見ると、それはなるほど、おおよその定義としては十分であるように見える。だが、「末尾が冒頭に接続」し、「注意が作品の終りから、始まりへと送り返される」ということは、具体的には、どのようなことによって可能となるのか。ここで作品の現象面、形式面から、次のように定義しなおしておく必要がある。「詩作品において、(1)その末尾の要素と冒頭の要素とが（完全に、またはほぼ）等しい場合、(2)もしくは、末尾の要素から冒頭の要素へと続けて読むことが可能であるように構成されて成立しているとき、その作品は循環構造（円環構造）を持つと言える。」

右の定義の中で、(1)の場合については比較的多くの実例が思いうかべられると思うが、

(2)の場合というのはかなり特殊なので、ここでその例を一つ挙げてみよう。ネルヴァルの、あるソネットに対してなされた井上究一郎氏の翻訳である。

ファンテジー

そんな歌のふしがある、ロッシーニもモーツァルトもみんな、
ウェーバーもみんな、すてててもいいような、
たいそう古い、ものうげな、かなしげな、
私にだけ秘めた魅力をもつような

たまたまそれをきくたびに、二百年
私の魂は若がえる……ルイ一三世の時代に、
そして私に見えてくる、横たわるみどりの丘、
そこに映《は》えている黄色い夕日、

それから煉瓦の城、その角《かど》を石でかため、

その焼絵ガラスは赤さびて、
広い林野にかこまれ、そのすそを川に
ひたし、その川は花をわけて流れ、

それからその高窓に、高貴な女、
黒い目、金髪、そしてその衣裳の古風な、
どうやら前生ですでに見たような……
それをいま私が思い出しているような！

訳者は、この訳について、こう付記しておられる。「この訳詩は最後の詩句を最初の詩句につづけながら、くりかえして読んでほしい。」先の定義の(2)は、つまりたとえばこのような作品のありようを言っているのだと御了解いただきたい。

とりあえず話を(1)の場合にかぎってみよう。つまり、詩作品において、「その末尾の要素と冒頭の要素とが（完全に、またはほぼ）等しい場合」である。まず何よりも問題になるのは、ここで言う《要素》という語の内容だろう。すでに覚え書のはじめの方で、「作品の構成の素材は単語だけでは」なく、文や節でもあり得ることを見ておいたが、ここで

いただけるであろう。《要素》と言っているものが、単に単語のみを指しているのではないのも、容易にお判り

(1)の循環構造において、作品の冒頭と末尾とでくり返されて、作品の円環性を指示する《要素》は、理屈としては次のようなものであり得ると思われる。

a 「音」これをさらに細かく見て、「母音」「子音」「音節」「数箇の音節」というふうに分けてもよい。

b 「語」

c 「句」

d 「文」

e 「節」

f 「イメージ」

g 「意味」「対象」

h 「観念」

以上は、用いられた場合形態的にきわめて明瞭に循環性が見てとれる要素であり、普通に《円環構造》《循環構造》が云々される場合は、もっぱらこれらを指しているようだ。しかし、作品の循環性、円環性のつなぎ目になる要素はこれらに止まらないと思う。

i　「事件」

j　「状況」

k　「文字使い、あるいは文字の配置」——これについては説明を要しよう。たとえば、詩の第一行と最終行だけが片カナである、といったこと、または第一連と最終連だけがごく短い（あるいは長い）行でできている、といったこと、など。

l　「文体」「構文」

m　「話者」これは複数の話者を持つ作品についてのみ言えることだが。

n　「話者の態度」

《循環》を構成する要素は、おそらくこれですべてではなく、なお綿密に考えてみればさらにいくつかのものが、追加できそうな気がする。大ざっぱに言えば、詩に関するほとんどすべての事柄が《循環》要素となり得るのだ。

しかし、このような《循環性》が、読者にも感じとられ、あるいは意識されないまでも読者に対して何がしかの効果を持つことが問題である場合には、やはりなんといってもc・d・eなどが最も効果的であろう。それに反して、aはたとえばごく短い作品のような場合でなければ、その効果が生きて来ないと思われる。またfからnまでのものも、それぞれよほど特別な場合でないとうまく行かないだろう。ただ、ここで問題は、これらの各々の一般的な効果の多少を云々することではなく、単に循環といっても、その要素にはさまざまな次元があり、単に同じ言葉が作品の冒頭と末尾に来るというだけに止まらぬことが判っていただければよいのだ。

循環構造による循環構造　数箇の詩節からなる作品の場合には、各詩節のはじまりと終りとに循環性があり、しかも、作品全体としても循環性がある、といった作品にそれを仕立てることも充分あり得ることだと思う。そして、この考え方を今一歩進めれば、そのような作品の複数箇を集め、その第一の作品と最後の作品との間に循環関係を成立させて、詩集全体を循環構造の中に置くことも可能なはずだ。小さな渦の群れでできた大きな渦、その大きな渦の集まりでできた更に大きな渦、そんなふうにこれをイメージすることができる。

循環構造の意義・得失　上に見たような循環構造が、ある作者によって、ある作品に採用される場合、このことについての作者の意味づけは無論多種多様であるだろう。単に形式上の遊びとしてなされる場合もあろうし、そこに作品の形而上的意義さえ賭けられている場合もあろう。だが、これらのことは単に作者の意識や思い込みの如何にかかわるというよりも、その作品の他の要素全体とのかかわりにおいて真の意義を明らかにするものだ。だから、この構造そのもののみに関して抽象的に意義や得失を云々してみたところで始まらないといえば始まらない。それにしても、こういう点については十分に意識した上で、しかもなおかつ《循環構造》自体の意義・得失について一般的に考えられる点はないのか、と言えば、それはやはりある程度のことなら言えるかも知れないという気もして来る。

たとえば、先にも一寸触れたように、自然の中にある循環性との照応ということがある。作品の循環性が、そう簡単に自然の循環性と同質視できるとは思えないが、自然の循環性に馴らされた意識にとっては、作品の循環性が一種の安定感や充足感あるいは無限感の拠り所として作用することは大いに考えられよう。一篇の作品（あるいは詩集）を四あるいは十二のパートにわけ、その各パートに四季あるいは十二カ月を割り振って、そこに作品を成立させようとする試みは、いくつかの先例があるが、これなども、自然の循環性を支えにした一種の循環構造だと言えるだろう。そして、この種の作品に割に成功作が多いというのも、ぼくたちの意識が自然の循環性に依拠したもの（あるいは依拠したふりをするもの）に、安定や充足を見出しやすいことの傍証であり得るのではないだろうか。

自然界の循環を別にしても、なお循環構造の持っている重大な特質は、はじまりあり、終りある詩作品の読者を、この構造によって一種の無限循環・はじまりなく、おわりないものの幻の中へまきこむという点にある。——だが、このように書いた途端に、この構造のもつ限界性も透けて見え出すような気がする。無限循環といっても、それはともすれば円筒状の壁の内側にそってのぐるぐるまわり、あるいは廻り灯籠の単調さ・有限性に陥ってしまう危険をはらんでいるのだ。だから、このような単調さ、その意味での限界性の印象が形成されて来るのを回避しようと願うならば、他種の循環性、あるいはさらに他種の構造性で、三重、四重に武装してやる必要があることになる。しかし、それでもなお、この構造の本質的限界性はついに突破されることはないのではあるまいか。線を円にし、円を球面にし、球面を四次元の球面にし、このように複雑な構成で補強していったとしても、真の無限性に到達することはあるまい。ということは、ぼくたちの意識は絶え間ない超越性であり、自然の秩序と仮に考えられた循環性への同化に安定と憩いを見出す傾向と同時に、自然の秩序に対して、何とかして反逆したい、一矢をむくいたいという願いを内包しているということであろう。

とすれば、循環構造を手がかりに詩作品の追求を志す者にとって、とるべき道は結局次のような三つのどれかになるのではないだろうか。その一、しかじかの循環構造の一時的に喚び起す無限循環の幻にしばらくでもひたることに意義を見出そうとするか。その二、循環構造そのものを図柄とし、しかも可能なかぎり多重的な循環構造の作品を作り上げるという力業を企てるか、その三、何とかして循環構造そのものに破れ目をつけようとする(はじめから循環構造を採用しないというのではなく)か。もしも、そんなことが万が一にも可能であるならば、最も好ましい方法は第三の道だと思うのだが、果してそれはどのようにして可能となるだろう。巨大で精巧な循環構造の廃墟としての作品を呈示するという逆説的方法も心に浮かぶが、これとてもこれが唯一の道なのだろうか、となると、答えはない。

繰り返しの構造についての一瞥　しかじかの要素が間をおいて繰り返し現われて来るという作品は、循環構造の作品に比べはるかに数多く存在している。(たとえばルフラン付きの詩)。さて、ここでの《繰り返される要素》は、すでに循環構造の要素について見たのとほぼ同様のさまざまな在りようを持ち得るのは、もはや言うまでもあるまい。このような繰り返しは、作品内に二種以上の時間を併在させたりするために、かなり有用なものと言えよう。むしろ、この方法の方が循環構造の閉鎖性をまぬがれているだけに、ぼくたちの意識の運動の自由性にとって好都合かも知れない。繰り返しの間隔も常に一定であることは必要ではなく、時にはその間隔をつめ、時にはゆるめるといった操作も可能である。しかしこの方法も、しばしば《わざとらしさ》の印象を生んでしまう。というより、はじめから、その《わざとらしさ》を積極的に利用する意図においてのみ、採用されるべき方法ではないのか。そして、この方法もつきつめて考えて行けば、その《わざとらしさ》そのものの破砕にまで行きついて、はじめて次の段階の自由性へと到達できるという態のものではないのか。

つねに破れ去るべきものとしての構造　ここまで来て、問題を一挙に普遍化し、次のように言うことも可能ではあるまいか。そしてこれは、この「構造についての覚え書」の漂着点としては、ある種の感慨なしには口にできぬ言葉なのだが……。「しかじかの構造性は、それ自体破れ去るべき幻影にすぎない！」

先月号で、ぼくはこう書いた。「次々とこわれて行く図柄を図柄とする作品の可能性。作品にやぶれ目ができ、作品内の時間が作品外の時間とショートして火花を上げるそのような作品」それとこれとは、おそらくは同じことなのだ。

力足らずして構成に破綻を生じた作品のことを言っているのでは無論ない。わざと手抜かりを作っておくということでもない。積極的に選びとられた構造のめくるめく破れ。構造が構造を超えるという構造……、いや、それをしもなお構造と呼べるものかどうか。

そのような作品、あるいは作品の廃墟をぼくは思い描こうと努める。だが、それは、差し当ってはまだ、見えて来ない。ただ、ぼくの中にしつっこく巣喰っている「詩に対する信憑」が、そのような作品の可能性をほのめかしつづけているのだ。

12

補遺2──

(1)誰が書くものか
(2)誠実ということ・実感ということ
(3)なにが詩作品、なにが詩人
(4)どうして題

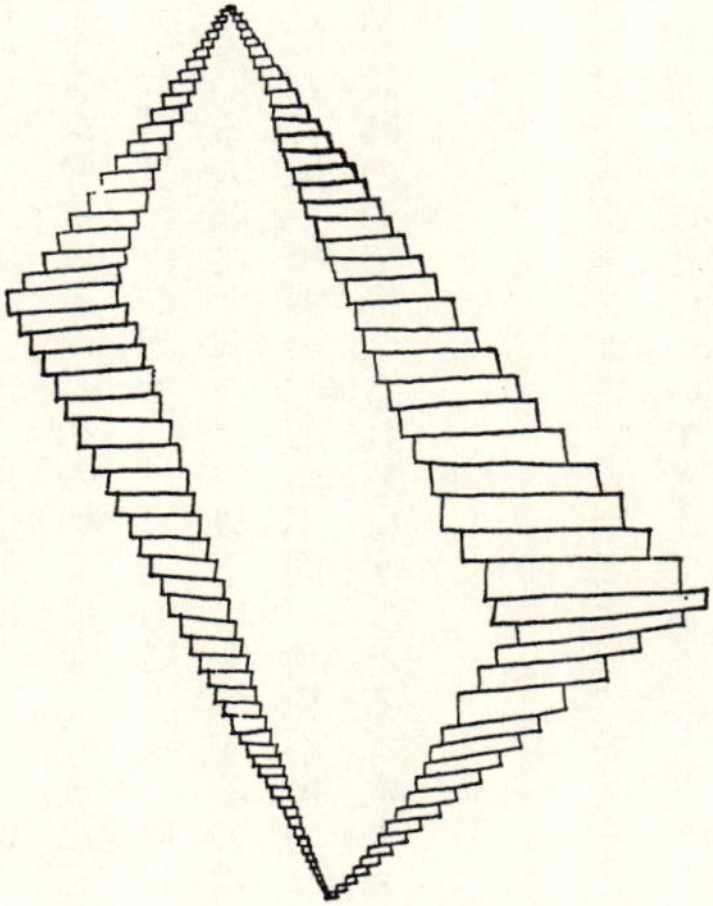

補遺2　(1)——誰が書くものか

1

もとより私は詩の「理論家」ではない。詩について、あるいは、当世風に言って「書くこと」「読むこと」について、何らかの理論をまとめることは、私の柄ではなく、また志すところではない。私は、単に、「書くこと」と呼ばれていることや、「読むこと」と呼ばれていることについて、興味と好奇心を持っている人間にすぎない。以下に開陳するのは、そのような私の興味と好奇心に多少なりとも触れて来た事柄の、順序不同、精粗不揃いな覚え書であって、しかもそれらは多くの場合、設問の形で提示されるはずである。たとえば、

問1　右のごとき文を「私(＝入沢、あるいは≠入沢?)が書いた」ことについて考えてみること。あるいは「あなた(＝?)が読む」ことについて考えてみること。また、この問いそのものを、誰が発し、誰が受けとるのかと考えてみること。そしてさらに、

これが果して「問い」であり得るかどうかについて考えてみること。
おそらくこれ（右の設問群）が、今回の短期連載のアルファであり、オメガであるだろう。

2

「昨日の午後、私が部屋で本を読んでいますと、彼がやって来て、一枚の紙片をテーブルの上に置いて出て行きました。その紙に書いてあったことを、私は一字一句そのままに書き写しています。いま読んでいらっしゃるこの文章、『昨日の午後、私が……』にはじまる、まさにこの文章がそれです。この文章をあなたはいまお読みになっているわけですが、この文章の奇妙な点はどこにあるのか、ひとつ考えてみて下さいませんか。」

問2　右の文の奇妙さ（それがもしあるとすれば）を考えてみること。
参考文献：J・G・バラード「最後の秒読み」（『時間都市』所収）、F・ブラウン「ユーディーの原理」（『天使と宇宙船』所収）

3

「今、私はペンを持って、一つの文章をつづっています。いま読んでいらっしゃるこの文章、『今、私はペンを持って……』にはじまる、まさにこの文章がそれです。この文章をあなたはいまお読みになっているわけですが、この文章の奇妙な点はどこにあるのか、ひとつ考えてみて下さいませんか。」

問3　右の文の奇妙さ（それがもしあるとすれば）を考えてみること。特に、前節の文章と比較して、その差異を明らかにすること。

4

問2問3の検討から、おそらくは「ある陳述の真偽」の問題が導かれると思う。問2の関係している文章は「事実」「真実」を伝えているであろうか。参考文献として挙げてある二人のＳＦ作家の作品は、いずれもフィクションであり、真実に起った事実を伝えているのではない。しかし、いずれもが「作中に出てくる作品こそ、まさにこの作品そのものなのだ」という仕掛けを持っており、そして、この仕掛けは、卓抜な工夫などというものではないから、これら二人の作家以外の作品にも、探せばいくつも見つかると思われる。そして、これが《卓抜な工夫》ではなく、おそらく誰しも考えつくであろう《平凡な》仕掛けであること、そのことに、この仕掛けの底の浅さと、底の深さとが共存している。

ここで問題を、I・A・リチャーズの「詩における文章の述べるところは《擬似陳述》である」という言明とつないで考えることは一応可能であろう。リチャーズはこれに関して、「科学的な陳述をすることが、詩人の任務でないことは認められよう。科学的な陳述と情緒的な発言を区別する人ならば認めるはずである。科学的な陳述においては、真実は、実験室で理解されている如く、究極的に、証明可能なものであり、いっぽう情緒的な発言においては《真実》とは、第一義的にはある態度によって受容されることであり、第二義的にはその態度そのものが受容されることであるのだから」と述べ、また、「私の謂う擬似陳述は、いかなる意味でも虚偽だとは限らない。擬似陳述は、その目的からいって科学的な真偽とは無関係であるような表現形式だというにすぎない」とも言っている（小川和夫・橋口稔両氏編『ニュークリティシズム辞典』による）。しかし、私たちの当面の問題を、このリチャーズの有名な《擬似陳述》という考え方に結びつけて安心するわけには到底いかない。というのは、ここで問題は科学的陳述と情緒的陳述との一般的区別ではなく、陳述が陳述自身についてコメントするという構造の特質にかかっているからだ。そこで、次のような問いを立ててみよう。

問4　「陳述が陳述自身について陳述するとき、それは必然的に虚偽となる（あるいは真偽と無関係になる）」という言明の真偽について考えてみよう。

5

「私はこれから、私の身に起ったことについて、一切の隠し立ても、作り事もせずに、真実だけを赤裸裸に書きつづろうと思う……。」これは、数多くの告白録、あるいは告白的作品に見られる共通の書き出しだ。しかし、このような予告が、かつて一度でも守りとおされたことがあったであろうか。私は作者の偽善性・欺瞞性を言い立てようとしているのではない。右のようなことを述べているのは本当に作者その人なのか、ということを言いたいのだ。

問5　右のような書き出しは、「告白的作品」を成立させるための、いわば一種の「儀式」にすぎないのではないだろうか。

前節の問題とつないで言えば、これもまた「自分自身についての陳述を含む陳述」という構造を持つ文章の一例ということになるわけだが、告白的作品や自伝が、常に右のような書き出しを持っているわけではない。しかしそれらの作品は、特殊な場合をのぞけば、作者の「事実に関する誠実さ」が暗黙の前提となっている、というのは常識であろう。

問6　この「常識」は正しいか。むしろ、暗黙の前提となっているのは、これもまた一つの「作品」「書かれたもの」であるということ、および、その上に演じられる「誠実さの儀式」についての認識なのではあるまいか。

6

かつて私は「作者と発話者は、いかなる詩作品においても別である」というだけのことを言うために、この雑誌の紙面を数カ月にもわたって費したが、「詩作品において、作者と発話者がイコールでない」という言葉の真の深みを、汲みつくし得ているかと言えば、甚だ心もとないのである。たとえば、右の「詩作品において」という限定は必要であろうか。一般に、「文学作品において」と言ってはいけないだろうか。いや、更に拡げて、「あらゆる文章において」とまで言うことはできないだろうか。また、「文章」と「語り」、つまり「書かれたもの」と「語られたもの」との差が、一方は文字を使い、一方はのどや口を使うということ以外に、右のような点に関してどこまで本質的なものであるかについても、十分に見さだめられているとは言い難い。「語り」においても、文章における作者と発話者の乖離に似たことは、しばしば（あるいは常に）生じているのではあるまいか。

問7　ここで「作品の言葉と日常の言葉」という、すでに古典的とさえ言える二分法を持ち出して急場をしのぐことの可否を考えてみること。この二分法は、多くの場合に、甚だ効果的であるが、原則的には有効であるにしても、必ずしも適切でないような境界領域も存在するのではないか。それとも、この二分法自体、きわめて便宜的なものに過ぎないのか。

だが、この検討を完全に経なければ、次の問題を考えることができないというのであれば、私はここでこのノートを書きつづけられなくなる。問7については、尚時間をかけて考えることにして、差し当ってはこの古典的二分法のお世話にならざるを得ないと思う。

それにしても、

問8　マラルメにおける、ヴァレリーにおける、サルトルにおける、この二分法の微妙な差について考えてみること。特に、先ほどのリチャーズの言葉にも出て来た「態度」という観点について考慮する必要があろう。

問8について、すでによく知られていると思うが、念のために補足しておこう。マラルメは日常の言葉を、手から手へ受け渡される流通貨幣にたとえた。ヴァレリーは詩（韻文）を舞踏に、散文を歩行にたとえた。サルトルは「文学とは何か」の中で、詩の言葉を物（ショーズ）、散文（小説等を含む）の言葉を記号（シーニュ）と名付けていた。しかし、その後サルトルは、詩・小説を問わず文学の言葉と、日常の言葉との間に、区別を立てるようになったようである。そして、「話すということが、意味の伝達ということならば、創造された事物（作品）は沈黙に匹敵する。もし書くということが伝達することによって成立っているのだとすれば、文学作品は言語を超えた沈黙による伝達として現れる」（「作家の政治参加」古屋健三氏訳による）といったことを述べている。

7

とりあえず二分法を採用し、日常の言語活動と文学作品を読み書きすることとの間に壁を立てるとしても、問題は必ずしも明快にはならぬことが多い。たとえば、ある作品を（ここでは差し当って詩作品を考えるとして）作品として成り立たせるものは何かを考えてみるとき、それを「作品」であると保証する客観的・具体的な特徴というものがあり得るものであろうか。「題」と「作者名」が付されており、しばしば改行され、各行の長さが不揃いで、日常の会話とはかなりちがった語の配列がなされているからといって、それでもって、これを作品と呼べるだろうか。たとえば、私がいま、手もとのある語学教科書から三つの短文と一つの名詞をとり出し次のように配置したとする。もっともらしくするために署名もしてみよう。

過失　　入沢康夫

その弁解は過失そのものより悪い
彼はその兄弟中で最年長だ
冬は最も愉快でない季節である

これが詩作品と言えるであろうか。しかしこれでは各行の文は、あまりにも平凡な語順であると言われるなら、次のように変えてみてもよい。

過失　　入沢康夫

過失そのものより悪い　その弁解
彼は最年長だ　その兄弟中で
冬　最も愉快でない季節

まだまだ「中身」が平凡だと言われるなら、もう少し変えてみるとしようか。

過失　　入沢康夫

青空そのものより悪い　その弁解
彼は最年長だ　百合の花の中でも
冬　最も愉快でない官職

もうよしたらどうか、いくらやっても詩になりっこはない、と言われるかもしれない。それならば反問せねばならない。

問9 右のような作業から詩が生れっこないと言う場合、その根拠は何か。それは詮じつめると、「作者の態度」ということに帰着しはしないか。私がこれを「仮に」作ってみているだけで、本気で詩として提出していないということに。しかし、それを裏返して「作者が詩として提出しているものはすべて詩作品である」という定義を立てることは、それでは可能であろうか。「態度」というなら、読者の態度も関係してはこないだろうか。

補遺2　(2)――誠実ということ・実感ということ

8

「近頃の詩はますます素朴な実感から遠ざかって、観念的・抽象的な言語遊戯におちいっている」といった歎声が折々聞かれる。文字どおり右のような言い方ではないにしても、詮じつめればほぼこのような主旨になる発言は、かなり以前から（あるいは戦前からか？）なされて来た。そこで――

問10　右のごとき歎声もしくは非難の声の当否を考えてみること。

しかし、この問10にいきなり答えを出そうとすると、それが「当っている」という答えであろうと、「当っていない」という答えであろうと、どちらの答えにしても真の問題の答えにはならないだろうと思われる。というより、ここでまず、問10そのものが、果して問いとして成立するかを考えてみなければならないだろう。そして、その予備作業として、右の歎声に含まれている――あるいはそこから導かれる――二つのことを、はっきりさせておかねばならない。一つは、「実感」という問題、いま一つは「遊戯」という語が否定的意味で用いられていることから導かれる、「まじめさ」「ふまじめさ」という問題である。したがって、たとえば次のような形で、これを問いつめておくことが必要だと思う。

問11　「実感」という言葉が、作品を書く（あるいは読む）上で、意味を持つとすれば、それはいかなる点（いかなる次元）においてであろうか。「まじめさ」「ふまじめさ」についても同様。

9

前節の問題は、「詩は表現ではない」とか「作品の発話者はいかなる場合でも作者とイコールでない」とかいった物言いがひきおこす、何やらうさんくさいことを聞かされたといった聞き手の反応と関係があるはずだ。右のような物言いは、「作品」と「作者の実感」との間を切り離してしまうものだと受けとられ、「実感なくして、何の詩ぞや」という疑念につながっていくわけである。けれども、注意しなければならないのは、こうした場合に、「実感」ということばそのものの意味内容のほうは、はなはだあいまいのままにされているという点だ。この「実感」という言葉は、意味も適用範囲もまた適用次元も、決して論理的・分析的には決定されておらず、まさに「実感」されているに止まっている。それはちょうど、あの「ポエジー」という言葉と同じく、以心伝心的なものである。ところで、ここで急いで（というのは、そそっかしい人というものは常にいるものだから）つけ加えておくが、ここでいま考えている方向は、「実感」とか「ポエジー」とかいうことを否定し、詩を書き、詩を読むのに「実感」や「ポエジー」がいらないと言おうということではないのである。問題は、「実感」という言葉や、「ポエジー」という言葉は、詩について多少とも突っこんで考えようとするとき、あまりにも大まかにすぎる点にある。何の語義決定もなしに「詩には実感が必要である」または「詩にはポエジーが必要である」ということに対して、異論はありようがないのだ。ただし、このことを口にする人の一人一人に、その「実感」とか「ポエジー」とかの意味するところを問いただしてみれば、各人各様、千差万別で収拾がつかなくなるのではないだろうか。各人の答えについて、統計学を用いて、そこにおおよその傾向性をとらえることなら、あるいはできるかもしれないが、これは全く迂遠な――というよりも無意味なことと言うべきだろう。多数決原理が意味をもつような次元の話ではないのだから。

問12 ところが、「詩は表現でない」とか「発話者は作者とイコールでない」とか言えば、それは「実感」否定だと、短絡して受けとられがちであるというのは、いったいいかなる理由によるのだろうか。

10

おそらく詩についての「実感」とか「ポエジー」とかいう言葉は、同語反復的《トートロジック》にならずには概念規定のきわめて困難な言葉なのだろう。そして、そうであるとすれば、こうした概念を用いて詩の問題を考えるのは、ほとんど不可能なことになるだろう。これらの言葉と織りまぜて詩を論ずれば、なるほど、おそらく通りのよい議論にはなるだろうし、「実感」的には何やら判ったような気になり合うことも可能だろうが、問題の掘り起しや、解きほぐしには、全くといっていいほど役に立たないと思う。「良い詩とは実感にあふれた詩だ」と言ったり、「すぐれた詩は強烈なポエジーにつらぬかれている」と言ったりしてみても、それは当り前のことで、何も言わぬのと同じことではあるまいか。何かを言うためには、ここで道が二つに岐れる。つまり①「実感」「ポエジー」といった語の使用をなるべく避けること。②これらの語を用いる場合、その適用の次元を正確にしていくこと。

11

前節末で「適用の次元」という言葉を使ったが、これについて説明しておくべきだろう。こうした言い方をしたについては、おそらく私の、詩についての次のような「思いこみ」が働いているのだ。

「《関係においてある》言葉(「言葉関係」)を素材として詩人は詩を作る(素材同士を特定の関係におく)のであるからには、詩行為とは詩人と《関係の関係》との関係であり、また《関係の関係》と読者の関係であると言えよう。」

「言葉が事物とことなるのは、それはあくまでも物ではなくて、関係だからであり、しかも詩人はそういう関係としての言葉に、物に対するのとほぼ同様に対して(「言葉関係の素材化」)、それでもって作品を構成する(一個あるいは数個の「言葉関係」の関係づけ)のである。」

いささか持って廻った言い方と見えるかもしれないが、詩を書き、詩を読むときの実状に照らしてみれば、これでもきわめて単純化した図式化であることが判るはずだ。つまりここでは、素材相互の関係づけについては述べているが、そうした関係づけそのものの第二次素材化、そのまた第三次素材化……ということには、いたずらな複雑化という印象を避けるために、触れられていないのである。しかし、私としては、詩というものは、どのような作品であっても、このような二重三重の素材化および関係づけによって成り立っているものと考えているのであって、そして、若干のためらいを感じつつもあえて言えば、それぞれの詩作品にポエジーが関与してくるのは、その作品における「最終次の素材群の関係づけ」においてではないかと思うのだ。そして、一方、「実感」ということについては、「詩は実感を書く（読む）ものではなく、実感で書く（読む）ものだ」と考えているが、これを右の図式にあてはめて言い直せば、「実感は詩行為に不可欠だが、それは第一次以降の各関係づけにおいて関与し、次数が増すにつれ、関与の度合は急速に大きくなる」ということになろうか。

12

詩行為の右に述べたような多重構造性には、時枝誠記氏にならって詩的入子《いれこ》型構造という名を与えてよいのではないだろうか。時枝氏は「梅の花が咲いた」という短い文にも三重の文法的構造を指摘して（つまり、〈「『梅の』花が」咲いた〉）、次のように述べている（『日本文法・口語篇』岩波書店、二五一ページ）。

「このやうな単位の排列と統一の形式を入子型構造と呼ぶのである。入子型構造は、原子的排列構造とは異つた構造形式を持つものであつて、その適例は、入子盃といはれる三重の盃に見ることが出来る。その構造は図のやうに、、大盃cは中盃bをその上に載せ、中盃bは、更に小盃aをその上に載せて、そして全体として統一した三段組の盃を構成してゐる。abcはそれぞれ全体に対しては部分の関係に立つと同時に、bがcに対する関係は、単独にbがcに対するのではなく、aを含んだbとして、cに対するのである。cは盃自体として見れば一の統一体ではあるが、aを含んだbを、更に含むことにより三重の盃としての統一を完成するのである。入子型構造とは右のやうな興味ある構造形式を持つものであつて、数珠の排列と統一に於ける形式と比較するならば、その特質を理解することができよう。」

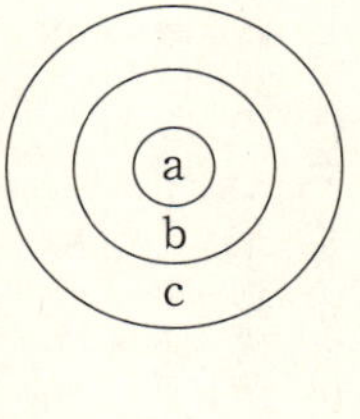

問13 時枝氏が文の文法的構造について用いた「入子型構造」という用語を、詩の構造について転用することの可否を更に考えてみること。

問14 かりに「文法的入子型構造」「詩的入子型構造」という区別をしたが、この区別は特に必要でなく、単に「入子型構造」と共通に呼んでよいかどうかを見きわめること。

13

詩における「関係づけの関係づけの関係づけの……」という構造に注目するとき、右の時枝氏の「入子型構造」とともに想起されるのは、田島節夫氏が「言語と神話」（『構造主義と弁証法』せりか書房、所収）の末尾に掲げているメタ言語、内包、神話学の構造についての図表で、次のような形をとっている（上記書二〇四ページ）。

（メタ言語）｛内容｛内容
　　　　　　　　　　表現
　　　　　　表現

（内包）｛内容
　　　　表現｛内容
　　　　　　　表現

（神話学）｛表現
　　　　　内容｛内容
　　　　　　　　表現｛内容
　　　　　　　　　　　表現

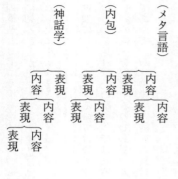

問15　右の図表のヴァリエーションとして考えられる次のごときものの意味を考えてみること。

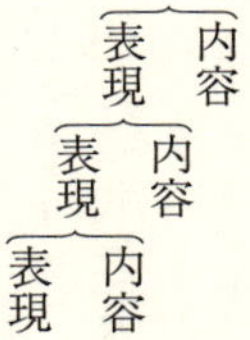

問16　これらの図表について、詩の構造との関係をさぐること。および入子型構造との関係を明らかにすること。

14

前節の問の検討の結果がどのようになるにしても、詩行為の多重構造性ということそのことについては、全く疑いの余地がないように思われるのであるが、先にも述べたように「実感」はこの第一次以降の層の各々について関与し、それらを導く。そして、次数の増す毎に、前の層で関与していた実感そのものも対象化される（あるいはその余波をうける）のであるから、なまの実感ではなくなり、役割を終えていく。ということは、このように言う「実感」とは、もはや、普通の意味で言うそれ（「生活の実感」といった色彩の強いもの）とはかなり異なり、いわば「書く手ごたえ」「書くことの実感」の面を加速度的に強めている。もっとも、実感に右のように二種類のものを考えてよいかという段になると、これが果して明確に区分できるかどうか、はなはだ疑わしい。

問17 このような「書く実感」は、構造の次数の増大とともに急速に「読む実感」と同一化すると言えるのではないだろうか。

問18 「書く実感」は「生きる実感」と対立するものとして意識すべきか、それともこれまた「生きる実感」の一部をはじめから成しているようなものなのであろうか。

15

「実感」ということについて、以上のような見方をとって来ると、実感という言葉に元来は密接に結びついているかに思われる「のっぴきならぬ個人性・独自性」といった局面が薄れて、いわば「超個人的実感」とでもいったものが浮かび上って来るような気がする。

このことを、作品の非個人性、あるいは作品の語りの非人称性といったことと結びつけて考えることも、ここらから可能になるのではないだろうか。

いずれにもせよ、詩についての議論がしばしば空転したり、自家撞着したりすることの原因は、多くの場合、このように多層的な構造のものについて、論議の次元の確認のないままで、やりとりが行なわれることから来ているのではないかという気がする。「誠実」といい「遊び」といっても、やはりこうした次元とのかね合いで、意味が転々とするのではあるまいか。

補遺2　(3)——なにが詩作品、なにが詩人

16

以下の数項は、補遺2(1)の第7項のつづきと考えることもできるものである。あそこでは「《作者が詩として提出しているものはすべて詩作品である》という定義を立てることは可能か」という問いを出しておいたのだが、以下は、そのヴァリエーションと言ってもよい。ただし、ここでとりわけ問題にしたいのは、「作品から作品を作ること」であり、「作品から作られた作品」についてである。

この問題については、たとえばそれを「パロディー」「本歌取り」といった面からとりあげることができる。一篇の作品のそこここに、古今東西の他人の作品の一部が、そのままもしくは多少変形されて、挿入されているというケースは、われわれの現代詩にも数々ある。たとえば、西脇順三郎氏の作品がしばしばそうであることはよく知られているし、昨年(一九六九年)末に刊行された加藤郁乎氏の詩集『荒れるや』の巻末の念書は、この詩集の作品の成立に当ってこのような「盗用」の「被害者」となった百余人の人々の名を

掲げて、謝意を表している。これらに止まらず、最近は、「パロディー」ということが一種のはやりのようになっているのは御存知のとおりであり、このことは、詩にかぎらず、劇の世界や、さらには漫画にも及んでいるようである。そして、あらゆる「風潮」がそうであるように、こうした風潮にも、きわめて本質的な精神の活動を要求する側面のほかに、かえって精神的怠惰・軽薄・安易によって支えられている一面をともなっているのが感じられる。極端な場合、「パロディーであるというそのこと故に価値がある」といった気分さえ生み出しているのではないだろうか。

古今の文学に例の多い「パロディー」「本歌取り」の本質的・積極的な意義については、これまた、昨今の風潮の中で多くの人々によってくり返し論じられていることなので、ここで、それに言葉を加えようという気にはならない。シェイクスピアやモリエールが、たいへんな盗作家だったとか、天の下に新しいものはなく、作者の材料は言語である以上、その人固有の言葉などといってみてもはじまらないとか、そんな議論は、もうずっと以前に出つくしていて、所詮はそれ自体同じことのくり返しにすぎない。たとえば百二十年ばかり前にネルヴァルは「アンジェリック」という作品の終章で、次のような問答を書いている。

「君は他ならぬディドロの模倣をした」

「彼はスターンの模倣をしたのだ……」

「スターンはスウィフトを模倣した」

「スウィフトはラブレーを模倣した」

「ラブレーはメルリヌス・コッカイを模倣したし……」

「コッカイはペトロニウスを模倣した……」

「ペトロニウスはルキアノスを模倣した。そしてルキアノスもまた、たくさんの人の模倣をしたのだ……。いいじゃないか、つまりはあの『オデュッセイア』の作者（ホメーロス）だってことになっても。」


そしてまた、現代はとりわけ「模造品」の時代であって、パロディー的作品は、こうした時代によくマッチしているのだとか、逆にこうした時代に対する告発なのだとかいった意見にも、それがまちがっている、いないを言う以前に、どうも興味が感じられないのだ。

ここでは、パロディー意義について喋々するのはさしひかえ、ただ、私自身は、それの持つ古今東西を通じて変らぬ意義と限界を私なりに測定し、私なりに信じているとだけ記するに止めて、本題に話を進めたいと思う。つまり、パロディー、本歌取り、借用といったことが、もっとも極端な場合にどうなるのかということや、それに関連して思いあたることについて考えてみようというのである。

問19　ここでは、パロディー、借用、本歌取り、そして模倣をも、おおざっぱに一まとめにして云々したが、それら個々の差についても充分考えておくこと。

17

具体的に例をあげて考えてみることにしよう。例には何をえらんでもよいのだが、先に西脇氏と加藤氏の名を出したので、両氏の作品についてみよう。まず西脇氏の「天気」という詩の有名な第一行だが、

（覆《くつがえ》された宝石）のような朝

とある、そのカッコの中は、キーツの『エンディミオン』の中から採られた表現であることは、西脇氏自身も述べられており、かなり広く知られていることだ。ところで、このカッコだが、これがここではこの部分が引用であることの指標になっている。これについて西脇氏自身の言葉を引こう。「……イメージならわかるけど、エリオットはイメージじゃないでしょう。ことばそのものを持ってくるんです。クォーテーションを入れるべきで

すよ。ぼくだってクォーテーションは入っているでしょう。「覆された宝石」というのは。で、あれはただ強めるために書いたと思う人がたくさんあるんですね。カッコの中に入っている、初めから。こっちはエリオットでこりている。人からつつかれている、盗作だと。それよりは、これは盗作なんだぞ、ということでカッコしてあるんです。／エリオットはそれがクォーテーション・マークというのをつけないでどんどん入れるでしょう。」(山本健吉氏との対談より)。上のような、引用句とクォーテーション・マークとの関係が、西脇氏の詩のすべてにわたって厳密に行われているかどうかについては、必ずしもそうでもないのじゃないかという気がするがここではそれが問題ではない。他からの借用の句について、引用符をつける人とつけない人とがあることの例として引いたのであるから。もっとも、引用符をつけない例としてひきあいに出されているエリオットも、「荒地」では(全部についてではないようだが)註という形でそれを示している。

いっぽう加藤郁乎氏の『荒れるや』の場合には、先にも書いたように、巻末の念記に盗難被害者一覧が掲げられているが、本文中では、ことさら引用符は用いられていない。

さて、以上の例を参照するだけでも、作中の引用や借用についての処理に、次のような形がありうることがわかる。

①その部分に引用符(もしくはそれに当るもの)を付ける。

②引用符等を付けない。
そしてこれら①②のいずれについても、
(a)その部分に註を付ける。
(b)後記等により引用のあることをことわる。
(c)何ら註記・付言をしない。
の三つの形が考えられるから、計六通りの処理のあり方があることになる。

問20 それ以外の処理法は考えられないであろうか。

問21 西脇氏の「引用句にはクォーテーション・マークを付けるべきだ」という意見は盗作のそしりをさけるための便宜的なものか、それとももっと深い意味があることなのか。

問22 借用やパロディーを含む作品の場合、読者の知識の問題、さらに文化的共同体の問題、特にその成熟度の問題がクローズ・アップされて来ないだろうか。

ひるがえって自分のことを考えてみると、私も、自作の中に少なからぬ他からの引用や借用をするほうだが、それぞれの扱い方については、統一した方針をもっていないことに気がつく。引用符をつける場合、つけない場合、註をつける場合、つけない場合等、そのときどきでちがっている。だらしないというのとは違うと思うのだが、とにかくゆきあたりばったりだ。（モーリス・ブランショ氏や天沢退二郎氏にならって、「作品の要請に従って」いるのだと言えば、もう少しきこえがよいかも知れないが。）

18

前項の点検は、まだ、今回私の問題としたいことの主題ではなく、いわばその予備作業であった。真の問題は、まず、次のような形であらわれて来る。

問23 引用や借用のみで成り立つ詩作品は可能であろうか。

クォーテーション・マークや註記・付記の有無にかかわらず、作品の全体が他からの引用のみで成り立っているものを、どう考えればよいのかということである。もっとも、この点についての私の考えはほぼ安定している。前回にも述べたように、私は「ポエジー」

の発生の基盤を作品の個々の要素自体にではなく、それらの関係づけに見ているのであってみれば、それらの引用の選ばれ方、組み合わされ方によって、詩作品は成立し得るし、すぐれたものとなることもあり得るといえるだろう。これもかつて書いたことだが、数個の新聞記事の抜き書きの組み合せからも詩作品が成り立つ場合があるのではないだろうか。

常識的には、上のようなことでよいだろう。しかし、ここでは、さらに問題を極端にして考えてみたいのである。たとえば、作品全体を構成する引用の数がしだいに少なくなり、ついには二つになった場合、そしてつぎには一つになってしまった場合にはどうか、ということを。

関係の関係（の関係の……）に詩を見ようとする上記の論理からすれば、関係づけられる要素の数が二つであっても、同じことは理屈としては主張され得るはずである。また、実例として適切なものは差当ってみつからないが、そのような作品を想像することは不可能ではない。しかし、全体がただ一つの引用のみによって成り立つ詩作品が考えられるかというと、これは容易ではない。これは、つまり、そっくり他人の作品を盗んで、自分の名前で提出するという、御歌会始などでよく問題になるケースと、区別の立てようがほとんどないからだ。作者の何らかの工夫が介入し得る余地としては、せいぜい、一ばん始まりと終りに引用符をつけるかどうか、題をどうするかといったことしかない。それと、まあ言うならば、字くばりや文字使いであろうか。だが、所詮その程度のことでは、作者（？）はそれに自分の署名をすることができそうもない。

問24 では、そうだからといって、このような作品（？）は絶対に不可能であるとここで断じてしまってよいであろうか。

（このようなものの系列として、長大な引用のあとに、ごく僅かな自分の言葉を付け加えた場合のことがある。それならば、あるいは成功することがあるかもしれない。たとえば、その付け加えられた数文字のために、引用部分の全体の意味がガラリと変ってしまうといったことが。）

19

ここで問題を一般化して整理すれば、

問25 一篇の詩作品において、作者（署名者）の持ち分、役割とは何か。

ということになるだろう。

20

話を少々前にもどして、数個の引用から成る作品のところから派生する問題を挙げておきたい。数個の引用から成る作品ということから少し思考を自由に遊ばせてみると、類似のものとして、詩華選、作品抄録、アンソロジーといった書物が思い浮ぶ。ある一人の、または多人数の作者の作品を、一つの方針にもとづいて選び配列すること、それがそうした書物の「編者」の役割なのであり、逆に言えば、選び方や列べ方に編者の「態度」が示されるのだが、数個の引用だけで成立する作品というものが可能であるなら、そのような作品の作者と、アンソロジーの編者との間には本質的共通性があることは疑いをいれない。もちろん常識的にはアンソロジーの編者を詩作品の作者と同一視することなどありえないが、常識を一応とりはらって考えようとすれば、このようなことも検討のプログラムに入って来るのである。いや、それだけではない。一冊の「本」という形にこだわらなければ、われわれの「書棚」もまた、一人（必ずしも一人ではないこともあるが）によって選び配列された作品群という姿を露わにして来る。これを、

問26 「書棚」は「作品」であるか。

という形にして提出すると、やはりいささか滑稽な感じもするけれども。「書棚」からは、さらに「書庫」へ、「図書館」へと、道が通じている。そして、思いは、宮沢賢治やボルヘスによってもはや親しいものとなった「ありとあらゆる本を収めた図書館」としての「世界図書館」、あるいはまた「全ての本の入っている一冊の本」といった夢想へと馳せていく。そしてこれを、再び詩作品のありようの問題にひきもどして来るとき、あの《有限の器に、いかにして無限を盛るか》という詩の根本問題が、いよいよあざやかにわれわれの前に、われわれの接近をそそのかしかつ拒みつつ、そそり立つのが感じられるのである。

補遺2　(4)──どうして題

21

補遺2(3)の18項で、「全体が他からの引用でできている詩作品」の可能性に関して、作品の題のことに一言ふれたが、「題」の機能については、一般的な場でも、時には考えてみてよいと思う。作品に題がついているのは、これはもう当り前のこととして、ふだんはあまり疑ってみない。しかし、このような当り前と見えることも、疑問を持ちはじめると、必ずしも当り前ではなくなって来るものだ。たとえば次のような問いはどうであろうか。

問27　題は作品の一部であるか。

肯定の答え、否定の答え、いずれも可能であるように感じられる。そして、この問いを、やや角度を変えて整理し直して、問28 「作者と題の関係」と「作者と作品本文との関係」とは、等価であるか。

と問えば、答えは先ほどとは、またちがった揺れ動きかたをするかもしれない。

22

それにしても、一口に「題」といっても、そこにはいろいろなケースがあるように思われる。その点を、若干考えてみることも必要だろう。

問29 詩作品には常に題が付されているか。

答えは明らかに否である。題のない詩作品というものも時にはある。日本の詩には例が少ないが、御存知のように西洋の詩には往々あって、目次などでは、その第一行（またはその一部）をとって仮に題の代りにしてあるのを見かける。日本の詩でも、そうした西洋の詩にならって、題をはぶいたり、第一行をそのまま（またはその一部を）カッコに入れて題の代りにしているのにお目にかかることがある。こうした場合には、適当な題がどうしてもみつからなかったとか、題をつけるのが面倒だったとかいった、消極的理由によるもの勿論あるだろう。しかし、それだけではない積極的理由があるとすれば、それはどういうことであるのか。

問30　詩作品に題をつけないことにはどのようなメリットが考えられるか。

右のようなケースに準じて考えられるのは「無題」あるいは「失題」といった題（?）の作品であろう。（詩ではないが、戦後まもなく輸入された外国映画に『題名のない映画』というのがあったし、テレビでは『題名のない音楽会』というのが、かなり長く続いているようだ。）これらの場合、こうした題名（?）によって、「題はないのだぞ」ということをかえって強調しているわけだが、それにもそれなりの理由があるはずである。「無題」や「失題」にかなり近い感じのものとしては、作品番号や記号を題のあるべきところに置くやり方がある。作品番号という点では、すぐ思いつく宮沢賢治の場合（賢治においては題と作品番号とが併用されることもある）だけでなく、他にもかなりの例があるようだ。記号というのは、これに比べれば数はかなり少ないが、たとえば萩原恭次郎の『死刑宣告』の中にある「○●」などはそれに当るし、最近のものでは雑誌「現代詩手帖」昭和四十五年三月号の三木卓の詩の題が「＊＊＊」であった。その他にもいくつかの例は探せばみつかるだろう。

23

前項でみたようなもの、①つまり題のないもの、②題がないことを題にしたもの、③番号や記号を題にしたもの、を除けば、大部分の詩作品には、何らかの「意味」のある語・句・文が「題」として冒頭に付されているわけだが、——そして、それらの題の果す役割は決して小さなものではない（おそらく作品の生死に関係する）はずなのだが、——そうした題の役割や意義を十分に論じたエッセイにお目にかかることがない（詩論書、作法書はいろいろ出ているのに）のは、奇妙といえば奇妙である。問28では「作者と題」「作者と作品本文」の関係を問うてみたのだが、それへの答えをさがす前に、「題と本文」の関係について、常識的かつ多分に現象的な点検をするのも無駄ではないかもしれない。

辞書などを引いてみると、「題」については、《書物や作品や章の前におかれて、その内容や主題を要約するもの》といったふうなことが書かれている。しかし、実際の諸作品について見ると、右のような説明はおおざっぱなところでは当っているとしても、十分だとは思われない。題の役割は「内容や主題の要約」であることも多いようだといっても、どうもそれだけではないのである。題が、本文の内容や主題を、否定し、あるいは逆転させるといったケースも十分考えられるし、本文の内容や主題についての「ヒント」「謎とき」「方向づけ」「展開」であるようなケースもいくらも見つけられると思う。いや、さらに一歩ふみ込んで言えば、

問31 詩作品において、「内容」とか「主題」とかは、いったい何を指すのか。

問32 題によって（つまり別の言語体によって）「内容」や「主題」が要約（つまり言い換え）できるような、そのようなものが「詩作品」であり得るのか。

右のような問いを課してみるとき、題の役割について、とりあえず持ち出してみた「要約」という語も、また「ヒント」「謎とき」「方向づけ」「展開」といった言葉も、もともに、それら自体一つの「方便」にすぎないことが痛感される。

24

しかし、乗りかけた船である。その「方便」の次元に今すこし腰をすえて、擬現象学的観察をつづけてみよう。「要約」という「方便」で題をとらえるとき、それはいわば、天

秤の片方に本文を載せ、もう片方に題を載せて釣り合わせるようなことだが、そのような形の場合でも、具体的に個々の作品に当ってみると、単なる主題の要約といったことでは片附かない、いろいろなケースがあるようである。よく見られるのは「主題」というよりは「モチーフ」を題にしたケースであろう。また、これも「モチーフ」の中に含めて考えてよい場合もあるかもしれないが、成立の場や状況や由来を題にしたものもある。たとえば「大島にて」とか「深夜目ざめて」とか「偶感」とか「伊豆の旅」とかいった題は、多くはそれに当るだろう。それから、「素材」、といってもそれは詩の場合言葉であることはほぼ確定しているから、用語や文字づかいについての題で、たとえば「鹿児島弁の詩」とか「カタカナノ詩」とか「誤字だらけの七十三行」とかいったたぐい。あるいはまた、詩型による題もあり得る。「十四行詩《ソネット》」とか「バラード」とか、「五七のうた」とか。

　まあその他いろいろ考えられるかもしれないが、これらはいずれも先に言った「天秤型」「バランス型」の題名である。しかし、「天秤型」「バランス型」などといっても、この型の場合、実際の言葉の量は題に比して本文の方が圧倒的に多いのが普通だ。そして題の選定は必ずしも絶対的なものでないことが往々ある。こうした題のつけ方は、せっかく「本文」とは別に、その外に「題」というものが存在しているというその《不思議さ》《有難さ》を、十分に活かしていないことにもなりかねない。そうした意味で、興味をひかれるのは、むしろ、題もまた作品の一部として、抜きさしならぬ役割を果しているようなケースであり、つまり、本文を「要約」するのではなく、かえって「対立」したり、本文の意味に新しい光を与えたり、逆転させたりするケースである。

ところで、こういうケースは、どちらかと言えば、ごく短い詩、つまり本文の部分に言葉が少ない作品のほうに、より多く見られるのは、単純な力学的関係から言っても自然なことかも知れぬ。

たとえば、安西冬衛の

てふてふが一匹韃靼海峡を渡つて行つた。

という詩に「春」という題がなかった場合や、草野心平の、例の黒い丸だけをポツンと置いた作品に「冬眠」という題がなかった場合、また、北川冬彦の、

軍港を内臓している。

という一行詩に「馬」という題が欠けている場合などを想像してみるとよい。

「天秤型」の題の場合、本文は本文、題は題となり、題はしばしばその作品を他の作品と区別する符牒、名前、記号、あるいは看板の役割に堕してしまう。これはもったいない話ではないか。

25

ここで、道はおそらくいくつかの方角へ岐れて行く。一つは、題にあまりの役割を負わせることから来る一種のあざとさをきらって、意識的にさりげない題を選ぶという方角(この方向をあまりに行きつめると、今度は題の番号化や無題化へまで達するかもしれぬ)。二つは、題にできるだけ多くの役割を負わせようとする方角だが、これは更に道がわかれて、(a)本文の言葉をできるかぎり少なくする方向に向かうのと、(b)逆に本文の言葉は多くして、しかも題の役割も大きくしようとする方向に向かうのとに、なるだろう。これらのどの方向についても、実作行為を通じて、検討してみることは必要なことだと思うのだが。

26

以下は、これまでの題についての検討から触発されて来た妄想的疑問の数々である。お笑いぐさまでに列挙しておこう。

前項二の(a)の考え方を徹底させるとき、ついには次のような問に行きつく。

問33 本文にあたるものがなく、題のみの作品は可能であろうか(この場合、本文のあるべき部分に、ある量の空白を置くかどうか、も検討せねばなるまい)。

また、これほど極端ではないにしても、

問34 題のほうが、本文よりもはるかに長い詩(たとえば、普通の詩の本文が題で、題が本文になっているような場合)は可能であるか、

さらに、草野心平の「冬眠」を逆にしたようなものとして発想される、

問35 本文は単純な語句であり、題が図型もしくは絵であるような作品は可能か。

絵や図と言葉の共存というようなことになってくると、例のルネ・マグリットの「これはパイプではない」と書き込まれたパイプの絵その他のことが、思い合わされてくる。一

つの作品の本文の中での字と絵の共存ということでは、鈴木志郎康にいくつかの例がある（「激しい恋愛」や「グングングン！　純粋処女魂……」その他）。

問36　こうしたものと、いわゆるカリグラムとを比較すること。

ついでに妄想をさらにたくましくして言えば、最近の映画や、それに影響を受けていると思われる漫画などでよく見られるあのやり方、つまり、タイトルの前にすでに作品がはじまっているといったやり方は、文学作品には持ち込めないか。詩集や雑誌のレイアウトの問題として、題が本文の上方に来たり、下方に置かれたりすることは往々あるが、詩作品の本文の途中に題が来るというのは、やはりあまりにも奇嬌であろうか。問題を一般化して言えば、

問37　詩作品の題の置き場所は、絶対に本文の前でなければならないか。

右のような過激なものとはちがい、ずっとおとなしいアイデアになるが（そして、これはすでに実現していることかもしれないが）、

問38 題自体がいくつかの意味の層を持ち、その層に完全に平行して本文の意味も多層化するといった作品を思いえがいてみること。

27

作品の題の問題は、さらに連作の題、詩集の題と考えを拡げていくと、いっそう複雑なありようを示すはずである。それから、題といえば、たいていの場合に、そのすぐそばに置かれる「署名」「作者名」のことも、その役割、その本質について一度はあらためて考える必要があるだろう。それはまた、いずれ。

あとがき

以上の覚え書は、雑誌「現代詩手帖」に発表したもので、第一回から第十回までは、昭和四十一年一月号から十月号にかけて、また、補遺の二回分は、四十二年の八、九月号に、それぞれ掲載されました。はじめから十二回分のはっきりした計画がたっていたわけではなく、むしろ、その都度問題を設定しては、いくらかの整理を試みたというだけの、文字通りの覚え書でした。ですから、これを一つにまとめるためには、もう一度はじめからすべてを見直し考え直し、多くの訂正や削除をほどこし、全体の体裁をととのえ、一つのすじみちをつける必要があると考えていたのです。ところが、この度、こうして一冊にまとめた結果は、結局、はじめの考えとは逆に、雑誌に発表したときの形をなるべく保存するということになってしまいました。これが元々「覚え書」として書かれたものである以上、なまの形をそのまま止めておいた方が、かえって何がしかの意味を持ち得るのではないかというふうに、考えが変って来たのです。詩の作者が作品について抱く理論などというものは、どのように形をととのえてみても、当の作者の新しい一作毎に裏切られ、あるいは踏み越えられて行くはずのものでありましょう。いま、この覚え書を読み返してみますと、論旨の不明確なところや、前後撞着している点や、引例の不適当なものや、奇妙な気負った語調など、いたるところに不満は尽きないのですが、右のような意味から、あえて、一切手を加えず、一、二の字句の訂正のほかは雑誌に発表したときのままで、書肆の手にゆだねることにいたします。

末筆になりましたが、雑誌連載中に、筆者のささやかな意図を理解して下さり、たえずはげまして下さった畏友、清水徹、安藤元雄の両氏に心からの感謝をささげたいと思います。

一九六八年一月　著者

増補版あとがき

一九六八年に初版の出た『詩の構造についての覚え書』は、その後、数度増刷され、さらに新装版となって今日に及んだが、その内容は初版と全く同一であった。雑誌連載時から数えれば、すでに十年あまりが経っていて、今読み返してみると、内容には不満な点が多々あるが、全面的に改訂する時間が得られないまま、今回、とりあえず、初版刊行後に書いた若干の補足的エッセイを巻末に追加し、それにともない、末尾部の構成を多少改めた。元版の11 12回の内容が、新版の11回となり、新規追加分が12回となった。この増補にあたって、思潮社の小田久郎、八木忠栄の両氏のお手数をわずらわした。記して感謝の意を表したい。

一九七七年三月　　著者

解説　『詩の構造についての覚え書』をめぐって

野村喜和夫

I　ありふれた解説——入門者のために

本書『詩の構造についての覚え書』は、旧版「あとがき」にあるように、まず雑誌「現代詩手帖」一九六六年一月号から十月号にかけて連載され、ついで一九六八年二月、思潮社より刊行された。内容は、読まれる通り、「詩は表現ではない」「擬物語詩はありうべき詩の構造の一つのタイプである」「どんな作品においても《詩人》と《発話者》は別である」など、詩作品成立の根本問題にふれた長篇評論である。とくに、三番目のテーゼはもっとも多くのページを費やして論じられ、詩人入沢康夫が作者と発話者の区別をいかに強調したかったかが窺われる。

とはいっても、難解さをもってなる幾多の入沢作品とはちがって、本書は驚くほど明解な文章で書かれており、詩論というよりはまるで何かの取扱説明書か実用的な科学読み物といった趣さえある。「ぼくの《詩作品入門》」という副題は偽りではない。

ところで、発表当時の反響はどのようなものであったか。手元に十分な資料がないので推測するほかないが、たぶん支持と不支持、擁護と反論との振幅はかなり大きかったものと思われる。何よりもまず、「詩は表現ではない」といったテーゼが引き起こしたであろう誤解曲解は容易に想像がつくところだ。表現でないとすれば何なのか。それについて論じはじめればたちまち紙数を使い果たすことになるので、ここではわずかに、三浦雅士と絓秀実の名を挙げておくにとどめる。プロの批評家の視点から誤解を正し、それぞれに問題の決着を試みているので（三浦雅士『私という現象』、絓秀実『詩的モダニティの舞台』）、興味のある人はそちらを参照されたい。しかし結局のところ、あまりむずかしく考える必要はないのである。「詩は表現ではない」ということは、本書にもあるように、詩はたんなる伝達ではないということだ。たとえば生は暗く、死もまた暗いと思ったとしよう、それをそのまま「生は暗く、死もまた暗い」と言葉にするのが詩ではないということだ。そんなことをしたらかえって暗さそのものが伝わらなくなるし、明るみに変える方途も見出されない。親が子を突き放さなければ子は成長しないように、詩作においてもある距離の創出とそれによる作品の自立が不可欠なのだ。

また、当時のおもだった反論のひとつに、入沢氏自身も本書でふれている岡田隆彦からのものがある。これは手元にあるので引用することができるが（岡田隆彦『言葉を生きる』)、「まずいちばん不満だったのは、これらの所論をみる限りでは、言葉の不条理な組成を引き起こすところの知覚と表現の融合ないし一致という問題がほとんど無視されていることだった」云々というその反論も、そもそもの問題設定の場所が大きくずれており、いわゆるないものねだり、もしくは見当はずれの域を越えていない。主体の知覚やそれが言語と絡むダイナミズムといったような、いうなればベルクソン的な問題は、それはそれで悩ましい大問題ではあろうけれど、『詩の構造についての覚え書』が検討の対象としているのは、そういうダイナミズムを経て紙に定着された言葉と言葉の関係としての作品それ自体なのである。そのとき主体はもう作者となって作品の外に出てしまっている。

一方、支持や擁護のほうは、これも推測で言うのだが、主としてフランスの文学や思想の潮流を知る者の立場から行われたのであろう。なによりもまず「構造」という言葉の選択が決定的であったように思われる。「構造」といえば構造主義。たとえば六〇年代初頭、その泰斗であるクロード・レヴィ＝ストロースとローマン・ヤコブソンによる共同論文「シャルル・ボードレールの『猫たち』」が発表され、文学における構造主義の原点となった。さらに、やや遅れて一九六五年だったか、ラシーヌの作品をめぐって、やはり構造主義の一端を担うとされたロラン・バルトと旧来のアカデミズムとのあいだで行われたいわゆる新旧批評論争は有名である。作品を作家の伝記的事実の反映とみなして実証的な研究に明け暮れるアカデミズムに対して、バルトは、作家とは切り離された作品の自律性ないし構造性を主張したのだった。たしかにそれは、詩は詩人の心情の直接的発露であるとする旧来の詩観に対して、「言葉関係」を重視し、また「どんな作品においても、《詩人》と《発話者》は別である」と主張する入沢康夫の立場と、何とパラレルであることか。『詩の構造についての覚え書』はこうして、一部の人たちには、従来の抒情詩観を覆す画期的な詩論書として迎えられ、あまつさえ、すでに指摘したマニュアル的なその趣にもかかわらず、あらたな詩の創出のための控え目なマニフェストといった意味合いさえ帯びるにいたるのである。

何を隠そう、かくいう私がそのように本書を読んだのだった。というか、それはまだ学生の頃、一九七〇年代の半ばだったと思うが、リアルタイムというにはやや遅すぎ、しかしその分、本書の評価は多少とも定まっていて、これから本気で詩を書いてゆく者としては、吉本隆明の『言語にとって美とは何か』やモーリス・ブランショの『文学空間』などとともに、まずは必読の詩論書としてチェックしなければならない本のひとつになっていた（ような気がする）。画期的だという評価はいわば自明のこととして受け入れ、「詩は表現ではない」「言葉とは言葉の関係である」というようなテーゼも、まるで半ば学習済みのことを確認するように辿っていったのではないだろうか。困ってしまったのは、実作のときには作者と発話者の区別をとりたてて意識しなくても済んでしまうが、やがて他人の詩を論じるようになったときに、「詩人がここで言いたかったのは」と書いてあわててその詩人を発話者に置き換えたり、あるいはその逆のことをしたりして、いってみれば主語の選択に関してひどく神経質になっていったということだ。「詩的自我」「抒情主体」「語る私」など、いまから思えば滑稽なほどいろいろと用語を用意したのも、頭のどこかにこの『詩の構造についての覚え書』のことがあって、作者と作品との無媒介的な癒合に陥ることのないようにと、注意をめぐらしていたのであろう。

もちろん、こんなふうに書いたからといって、著者入沢康夫氏に恨みがましいことを言おうというのではない。むしろ学恩というものである。当時本気で詩を書こうとしていた私と同世代の者の多くは、その理論武装を、ひとつ上の世代にならって、前出吉本隆明の『言語にとって美とは何か』に求めるか、あるいは私と同じように『詩の構造についての覚え書』のほうにシフトさせるか、どちらかだったのである。ちなみに、吉本理論のキーコンセプトである「自己表出」と入沢詩学の「詩は表現ではない」を比較検討しはじめたら、これもたちまち大論文になってしまうだろう。

さて、それからまた時が流れた。このたび、初版刊行から三十数年ぶりに増補版の改訂新版が刊行されることになって、となればもう古典だが、あらためていまの時点から本書を読み直してみるとどうなるか、という問いが、当然のことながら浮かび上がってこよう。結論は、ありきたりな言い方だが、古びていない。一般に批評というのは、それが時評的な文章の場合は、どんなに先鋭的な言説を押し出してもすぐに古びてしまうのに対して、あまり状況とはクロスせずにむしろ原理的なもののほうに照準を向けている場合は、逆にいつまでもその効力を保つものである。萩原朔太郎の『詩の原理』がそうだし、西脇順三郎の『超現実主義詩論』がそうである。そして、われらが『詩の構造についての覚え書』。このことを悦びとしよう。なんといっても入沢康夫は、現代日本最高の詩人のひとりである。そしてそんな氏が、くだんの大詩人と同じように一冊の不朽の詩論書をもったのだ。

たしかにそこには、詩の言葉を物とみなすサルトル的な見方への批判が織り込まれていたり、また当時売り出し中だったフランスの前衛作家フィリップ・ソレルスへの言及もあったりして、時評的な要素も皆無というわけではないが、記述の大部分は原理的な問題に費やされている。引用されている詩は与謝野寛の詩ともいえないような詩と、T・S・エリオットの「プルーフロックの恋歌」だけ、あたかも同時代の詩には見向きもせずというふうに、ただひたすら、倦むことなく原理のほうに向き合っている。古びないゆえんである。

もうひとつ、その原理に向き合うなかで、「構造」という概念が構造主義のそれとかなりずれてしまっていることも、本書の不朽に与っているのではないかと思われる。ふつう構造といえば、詩に内在する構造のことである。たとえば前出レヴィ=ストロースとヤコブソンの共同研究も、詩篇「猫たち」の精緻な分析を通して、詩作品内部の諸レベル、とりわけ音韻論的レベルと意味論的レベルとのあいだのさまざまな等価関係を浮かび上がらせるというものであった。早い話が、詩でなければ生じえないような音と意味の関係をさぐったのである。そうしてそののち、後続の研究者や批評家によっても、さまざまなテクストのさまざまな構造分析が試みられるのであるが、主体の問題は等閑に付されたために、たちまちその限界があきらかとなり、テクスト論やポスト構造主義によって乗り越えられてゆく。ところが、われらが入沢康夫は、そういう詩の内在的な構造にはさしたる関心を示さず、数ある「言葉関係」のひとつぐらいにそれを括って済ませ、あとはもっぱら、作者と発話者と作品の関係を問い、つまりいうなれば、構造主義が捨象した主体の問題まで視野に入れるかのごとくなのである。もはやそうした事態を指して詩の構造とはいえなくなるほどまでに。内容がタイトルを越えているのだ。普遍的にならないはずがあるまい。

だが、それだけではない。本書がいまなお読むに値するのには、別の相対的事情というのもあるのではないか。つまりこういうことだ。七〇年代以降の詩の歩みが迷走してしまって、昔のように直線的に進歩しなくなった結果、いつまでたっても本書が新しくみえる、あるいは、同じことだが、本書によって提示された詩的パラダイムをその後の時代がついに乗り越えることなくいまに到ってしまった、と、そういうことなのではあるまいか。もちろん直線的な進歩というのもまた幻想であろうが、すくなくとも、世代から世代へと、否定と乗り越えのダイナミズムによって詩がどんどん先鋭的になってゆく、過激になってゆく、精妙になってゆく、というような印象は、ある時期以降めっきり影を薄くしてしまったこともまたたしかであろう。どころか、新奇かつ可能性の媒体であるらしいインターネットをひとたびのぞいてみれば、「自己表現」としての屑のような詩ばかり。うんざりして、二度とアクセスしたくなくなる。とはいえ、それは無数の匿名無名の人たちがかたちづくる詩の裾野だからと納得することができよう。しかし、ネット詩人いうところの紙媒体、つまり主要な詩の雑誌や詩集に目を移しても、相も変わらぬ抒情のたれ流しタイプの作品が多く、方法意識の欠如は目を覆うばかりである。

というわけで、これから本気で詩を書こうとする者は、老若を問わず、この『詩の構造についての覚え書』を読んでほしいと思う。さっき述べたことと矛盾するようだけれど、「詩は表現ではない」という断言に驚き、なぜそうなのか、じっくり考えてほしいと思う。いや、考えなければならない。まったくもって、詩は表現ではないのだ。自己の思うところを言葉に表したところで、たかがしれている。それよりは自己の内や外からあふれだし寄り集まる言葉の関係に深く思いを致して、それはいきおい時間的な順序つまり物語の相を帯びるが、その錬成しだいでは、思いもよらないような世界の輝きや深さが実現することもあるということを学ぶべきだ。そしてその輝きや深さが自己に照り返って、一瞬、まるで自己が生まれ変わってゆくような思いにとらえられ、はっとするのである。「擬物語詩」というのはそういう錬成のことである。そうそう、かねて私はひとつだけ入沢氏に注文があるのだった。それはこの「擬物語詩」という命名に関して、もっとなんとかならなかったかということだ。いかにも怪しげだし、語感が悪く舌がもつれそうでもあるし、「でも、だからいいんですよ」と氏は笑いながら言うかもしれないが、そういう枝葉末節にひっかかって、「擬物語詩」というコンセプトの本質的重要性が理解できなくなるあわれな頭脳というのも、ないわけではないと思われるのである。

脱線してしまった。繰り返すが、これから本気で詩を書こうとする者、詩をつまらなくしたこの新世紀を呪い、ふたたび詩を面白くしようともくろむ者は、すべからく本書を繙かなければならない。

Ⅱ　やや突っ込んだ解説——中上級者のために

以上は、実をいえば、この改訂新版によってはじめて『詩の構造についての覚え書』に接する人たちを想定して書かれた解説である。なかには、本書によって文字通りの現代詩入門を果たそうとする人もいるだろう。そのような人は以下を読む必要はない。本書を再読吟味されるか、本書から受けた刺激のさめやらぬうちに、すみやかに詩作の現場へと赴かれたい。しかし、いわゆる入沢ファン、現代詩オタク、批評家、文学研究者、編集者、作家、ばりばりの詩人、でなくともそれなりの詩人、それなりの詩人の周辺——そういう人たちは逆に、これまでの私の解説に物足りなさを感じていたであろうから、どうかもう少しここにとどまって、以下に示す中上級者向きの解説をお読みいただければと思う。

まず、ひとつの謎の提示から始めよう。といっても、提示しているのは入沢氏で、私はただそれに気づいて、以下にその謎解きを試みようとするだけなのだが、だいたい入沢氏というのは、詩人にならなかったら数学者になっていたかもしれないと私に語ったことがあるくらい、詩作はもとより賢治やネルヴァルの研究においてすら、パズルめいた遊びを導入して楽しんでいるふしがある。私はその術中にはまっただけなのかもしれない。

さてその謎というのは、すでにひと通り解説したような、どこからどうみても詩論書である本書『詩の構造についての覚え書』が、旧版の『入沢康夫〈詩〉集成』（一九七三年、青土社刊）では、なぜか『わが出雲・わが鎮魂』のあとに収録されているということだ。

ということは、れっきとした詩扱いである。そればかりではない。詩集『倖せ それとも不倖せ 続』（一九七一年）の「あとがき」によれば、入沢氏は、自分の作品を大きく三つの系列に分けるとして、本書を、あろうことか、『ランゲルハンス氏の島』及び『わが出雲・わが鎮魂』とともに、第三の系列つまり主系列を成す作品に分類しているのである。のちの『〈詩〉集成』増補改訂版（一九七九年）以降はさすがに割愛されることになるが、たとえ一時的にせよ、作者自身によって作品、それも主系列の作品として扱われたことがあるという事実は、これはもうどうしても看過できない。

では、この詩論が詩作品として扱われた理由は何だろうか。入沢氏特有の悪戯心？ 韜晦趣味？ パズル好きの氏であってみれば、たしかにそういう一面が、ないわけではないだろう。だが、もう少しまともに理由をさぐることもできそうである。たとえば、括弧記号のあるなしの問題にすぎないが、前記の全詩集のタイトルが、『詩集成』ではなく、『〈詩〉集成』であることに注意しよう。入沢詩学にとっては、詩にさえも括弧がつくのであって、つまり詩とは何か、作品とは何かについてその実定的な答えはないのである。詩とは何かを問いつづけることこそが〈詩〉なのであり、だとすれば、その端的な実践にほかならぬ『詩の構造についての覚え書』が〈詩〉でないとする理由もまたどこにもないことになる。

あるいは、さらに積極的に、こんなふうに考えることもできよう。入沢詩学にとって詩とは畢竟詩への問いである以上、個々の詩がすでにメタポエティック、詩についての詩、あるいは自己言及性としての詩である。たとえば作品「わが出雲」はそれ自体のなかにメタポエティックを含んでいた。その名高い冒頭の一節、

やつめさす
出雲
よせあつめ　縫い合された国
出雲
つくられた神がたり
出雲
借りものの　まがいものの
出雲よ
さみなしにあわれ

この一節は、清水徹も指摘するように、作品「わが出雲」の構造と特徴を鏡のように映

し出す「中心紋」である。同様に、そのひとまわり外側にも、自注というかたちで「わが鎮魂」という「わが出雲」へのメタポエティックが配され、詩集『わが出雲・わが鎮魂』をかたちづくる。とすれば、そのさらにひとまわり外側に、今度は『わが出雲・わが鎮魂』全体へのメタポエティックが存在してもおかしくない。それがすなわちこの『詩の構造についての覚え書』なのではあるまいか。俗っぽくいえば、入沢康夫自作を語る、である。メーキング・オブ・『わが出雲・わが鎮魂』、である。

「『覚え書』は詩作者の実践的な態度を維持しつつ言語論から『詩論』への動線を描こうとする野心を、その根底にもっている。(中略)昔からすぐれた詩人は自己の詩法をそれ自体《詩》の形で書いたものだということを思い合わせるなら、入沢康夫がなぜこの『覚え書』を書きしるさねばならなかったかも、おおよそは理解されるだろう」という安藤元雄の指摘も、そうした機微を語っているだろう。すなわち、「自己の詩法をそれ自体《詩》の形で」語る、つまり詩についての詩がすでに常套であるとすれば、入沢氏はさらにもうひとひねりして、詩についての詩をそれ自体詩論のかたちで示そうとしたのである、とでもいえばいいだろうか。

それにもうひとつ、本書をメタポエティックとする理由は、冒頭すでに指摘しておいたような、作者と発話者との区別に異常なほどのこだわりをみせるその問題設定は、詩一般というよりむしろ自作詩に向けられたものとみるほうが、あるいは自然ではないかと思われるからだ。テクスト論的に還元してしまえば、作者と発話者の違いというのは、つまるところ言表行為の主体と言表の主体の違いということであろうから、微妙ながらありふれた問題として、数ページも費やせばそれで十分ではないだろうか。ところがである、本書において入沢氏は、途中から他のすべての問題を放棄して作者と発話者の違いの説明に取り組み、どうあっても両者は違うのだといわんばかりに、繰り返し繰り返し説いて倦むところがない。

それにしても、ではそのメタポエティックにおいて入沢康夫は、なぜそれほどまでに作者と発話者の区別にこだわるのだろう。結局のところ、私にとってこれが残された最大の謎ということになる。答えはない。ないままに私は『わが出雲・わが鎮魂』を読み直し、さらにはそれ以前の作品群へと遡行してゆく。ふと思ったのは、出雲への帰郷において入沢氏は、自分でももてあましてしまうほど強度な情動の流れに晒されていたのではないだろうか。おおげさにいえば、生命の危険を感じるほどまでに。その証拠といえるかどうか、「わが出雲」の初出形では、「すでにして、大蛇の目のような出雲の呪いのなかにぼくはある」と、およそ入沢作品らしからぬパセティックな調子で書き出されていた。これでは危うい。詩人はあくまでも総合プロデューサーであるべきなのに、劇中の主役になりきってすべてのバランスを崩そうとしている。ところが、その書き出しが決定稿において、上に引用した「中心紋」に差し替えられるのである。このへだたり、この決定的な変化。あたかもそのあいだに、作者と発話者の区別をめぐる数十ページに及ぶメタポエティックの格闘が必要であった、とでもいうかのように。いや、それは必死の衛生法であったかもしれない。悪魔払いであったかもしれない。ちなみに「わが出雲」の初出形の発表が一九六六年八月、ちょうど『詩の構造についての覚え書』の連載中である……

しかし、もう口を噤むべきだろう。いずれにもせよこうして、ミクロからマクロまで、「わが出雲」の中心紋から詩集『わが出雲・わが鎮魂』を経て本書である気の遠くなるような外周円まで、詩とメタ詩との壮大な入れ子状宇宙が夢見られ、実現されていったのである。日本現代詩において、かつてなかったことだし、これからもないだろう。

（二〇〇二・八　のむら・きわお　詩人）

本書は、二〇〇二年十月二十日、思潮社より刊行された（一九七七年四月に刊行された増補版の改訂新版）。文庫化に際し、明らかな誤りは適宜訂正した。また、ルビも増やした。

ちくま学芸文庫

詩《し》の構造《こうぞう》についての覚《おぼ》え書《がき》

ぼくの《詩作品入門《イニシアシオン》》

二〇二五年三月十日　第一刷発行
二〇二五年六月五日　第三刷発行

著者　入沢康夫（いりさわ・やすお）
発行者　増田健史
発行所　株式会社 筑摩書房
東京都台東区蔵前二―五―三　〒一一一―八七五五
電話番号　〇三―五六八七―二六〇一（代表）
装幀者　安野光雅
印刷所　三松堂印刷株式会社
製本所　三松堂印刷株式会社

ISBN978-4-480-51292-5 C0192